JN301051

とりかもひこうき 12ページ

つばめひこうき 18ページ

まさえちゃんの友だち 16ページ

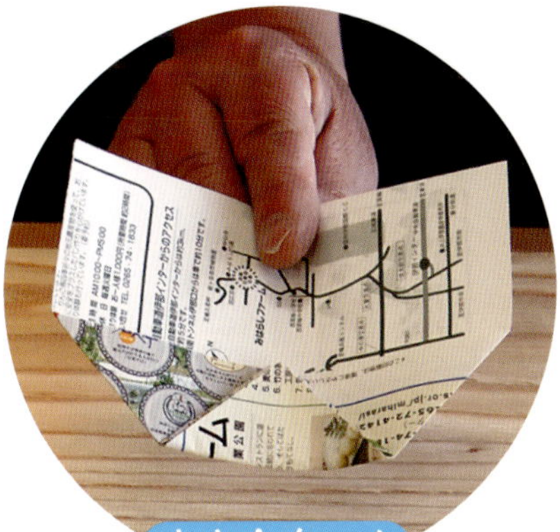

まさえちゃん 14ページ

翔《かけ》るくん 21ページ

クルクルロケット 23ページ

くるくるあそび 24ページ

うわさの紙ひこうき 27ページ

吹《ふ》きごまA 吹きごまB 30ページ

富士《ふじ》ごま 33ページ

ぶんぶんごま 38ページ

手回しごま 41ページ

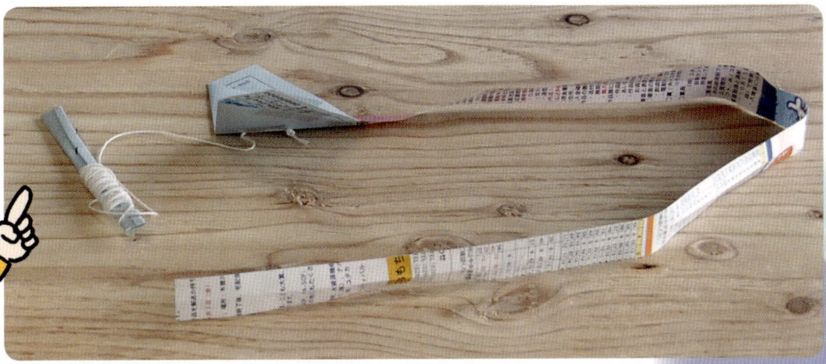

超《ちょう》かんたんミニだこ 43ページ

ダイヤだこ 44ページ

ペーパー竹とんぼ 48ページ

スティックとんぼ 50ページ

羽《はね》だけとんでく竹とんぼ　52ページ

板がえし　55ページ

わりばしでっぽう　58ページ

ペーパーお手玉　66ページ

輪《わ》投げ　62ページ

カミノたおし　65ページ

ロール芯《しん》玉　67ページ

ロールもしかめ　68ページ

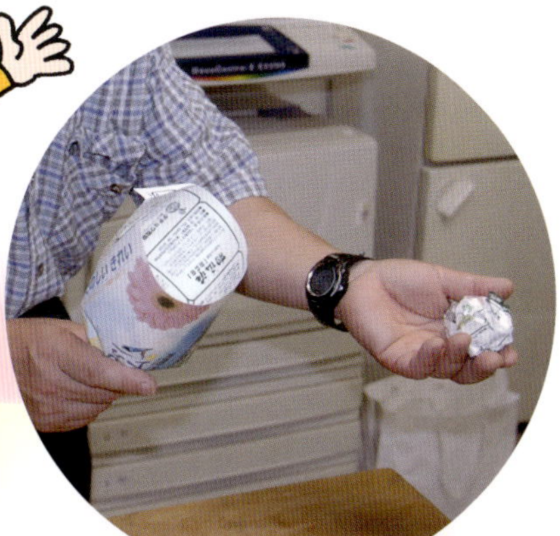

2人でナイスキャッチ　69ページ

ペン立て　73ページ

ペーパーもしかめ　70ページ

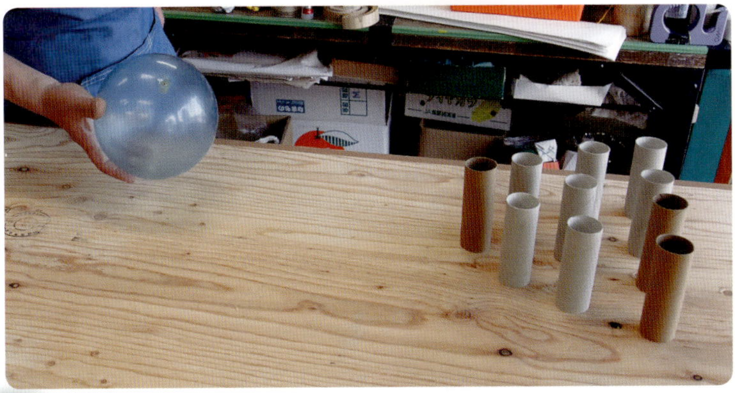

ロール芯ボウリング　72ページ

まと入れ遊び　75ページ

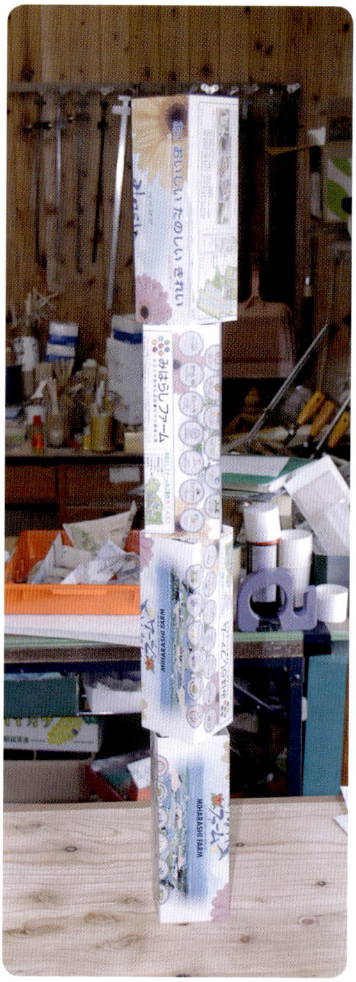

積《つ》み紙《し》 76ページ

十文字手裏剣《じゅうもんじしゅりけん》 86ページ

折りかえ万華鏡《まんげきょう》 82ページ

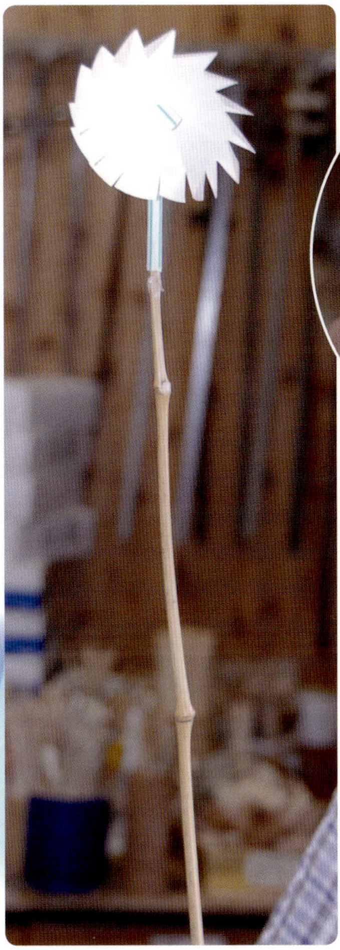

風車 78ページ

ペーパーガリガリ 92ページ

ひっくりカエルちゃん 88ページ

ペーパーサイコロ 94ページ

さら回し 97ページ

フリスビー 100ページ

竹づつ段《だん》落とし 97ページ

おもちゃ博士の
かんたん！手づくりおもちゃ

佐野博志

子どもの未来社

まえがき

自分の手で何かを作ることを手づくりといいます。その手づくりをしているときは、知らないうちに自分の頭でいろいろ考えています。やればやるほど頭の中が成長しているのです。その手づくりを楽しんじゃおう！　というのが手づくりあそびなのです。

作っているときの時間も、できたものそのものも、みなあそび友達です。今、手づくりあそびがすごく減っています。テレビやコンピューターゲームなどを楽しむ人が増えてきたからなのでしょうか。スイッチ１つですぐ遊べるという手軽さからなのでしょうか。

今、手にされている『かんたん！　手づくりおもちゃ』というこの本には、まさにスイッチ１つに近いほど、アッというまにできてしまうものもあります。写真の手順に沿っていけば、子どもさんでも簡単に作れるようになっています。それはまず、使う材料が毎日の生活のなかにある、あまりにも身近なものばかりだからです。新聞折り込みの広告チラシ、トイレットペーパーの芯、割りばし等々ですので、やろうと思ったらすぐ始められます。そして、使う道具というのも、これまたどこのおうちにもあるものばかりです。はさみ、のり、セロハンテープ等々です。

作るものは、昔からのあそびで〈昭和のあそび平成風アレンジ〉というものです。けっこう夢中になってしまうものばかりです。子どもから大人までしっかりハマッてしまいます。紙ひこうきでは、ジャパンカップにチャレンジ可能なものもあります。いらなくなった広告チラシから作るはがきサイズの小さな紙きれ１枚が、人を夢中にさせちゃうのです。

昔のあそびが、今、あたらしい！
そんな感じで、どんどんやれるものばかり。とにかくちょっと手を動かすだけで、こんなに楽しい世界があったのかと驚かれることまちがいなしです。

さあ、いつでもどうぞ！！

佐野博志

目次

おもちゃ博士の工房だより

鳥もおどろく！

とりかもひこうき

いろいろな飛《と》び方をします。鳥《とり》が飛んでいるように見えることから、「とりかも（鳥かもしれない）ひこうき」といいます。

用意するもの●なし

材料●チラシ１枚

1　チラシを１枚用意します。かたさはどんなものでもＯＫです。

2　角から角へ対角線《たいかくせん》に折ります。

3　角と角のふたつの山が同じくらいの出ぐあいになったところで、そのまん中に指をおきます。

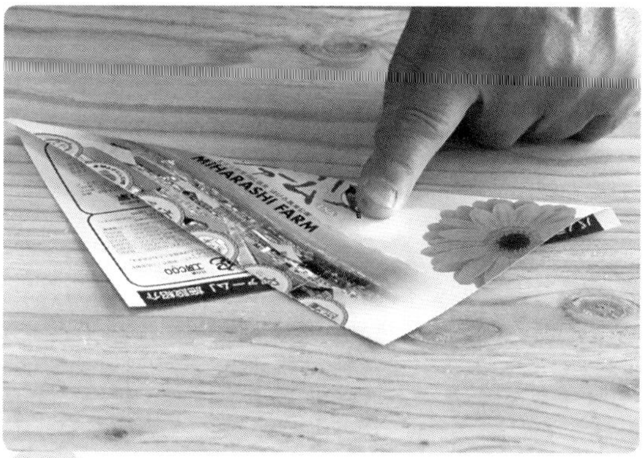

4　そこから左右に折りすじをつけます。

5　1cmくらいのはばで手前からひと折りします。

6　そのはばでもう1回巻《ま》き折りします。

7　巻き折り部分を内側にして、両はしがそろうようにふたつ折りします。

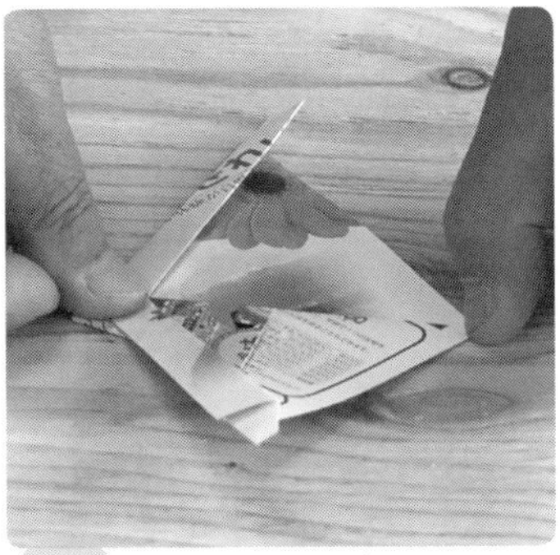

8　巻き折りした厚《あつ》い角から指1本分ずらしたところと、三角お山に向かって折り返します。

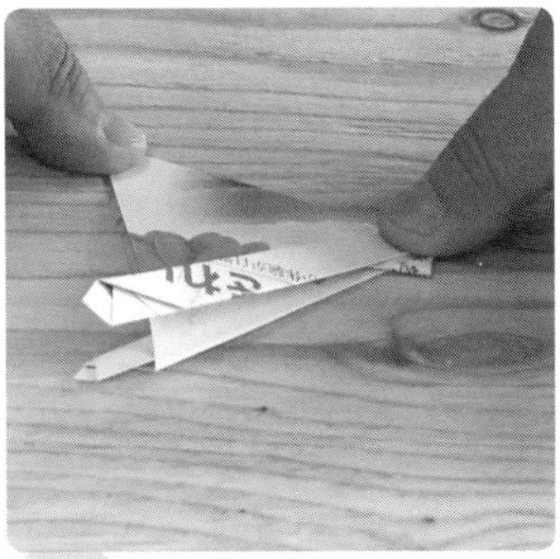

9　反対側《がわ》も同様《どうよう》に折り返します。

10　つばさの下中央を持ち、つばさをYの字になるまでもどします。
さあ、飛ばしてみよう！

各折りすじに
指アイロンをかけ、
しっかり
しごきます。

飛《と》んでる女の子

まさえちゃん（ひこうき）

新作として完成した時、近くにいた同級生のまさえちゃんが、「そりゃあ、名前はまさえちゃんでしょう」といったので名づけ親はまさえ様です。

用意するもの●なし

材料●チラシ１枚

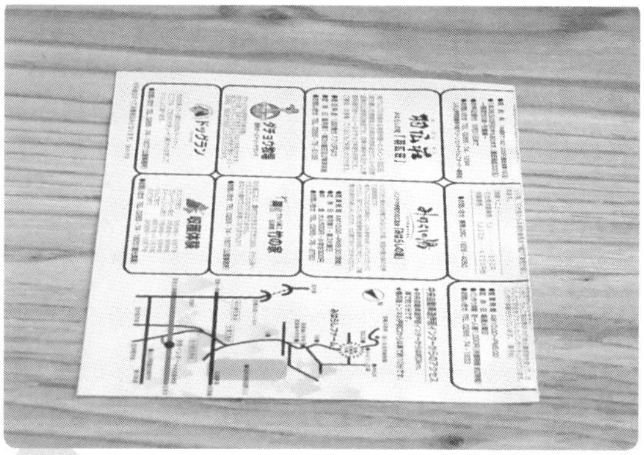

1 チラシを１枚用意します。

2 角から辺に合わせて折ります。

3 反対側《がわ》の角と辺を合わせて折ります。

4 開いてもどし、裏《うら》返してから折り線の山と山が背中合わせになるように横に折ります。

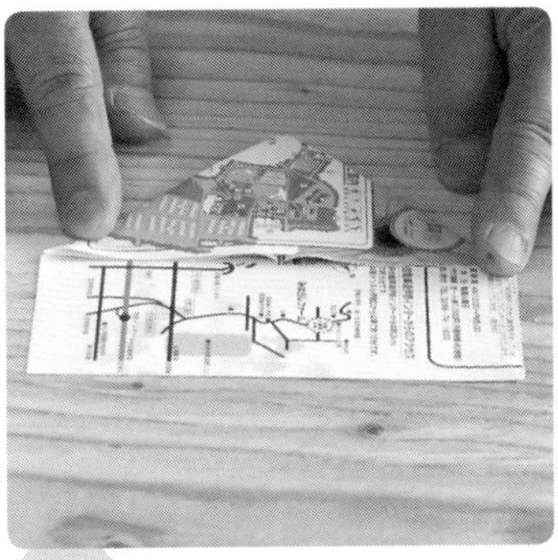

5 いったん広げて裏返し、両わきから指《ゆび》を中に入れながら、つぶし折りします。

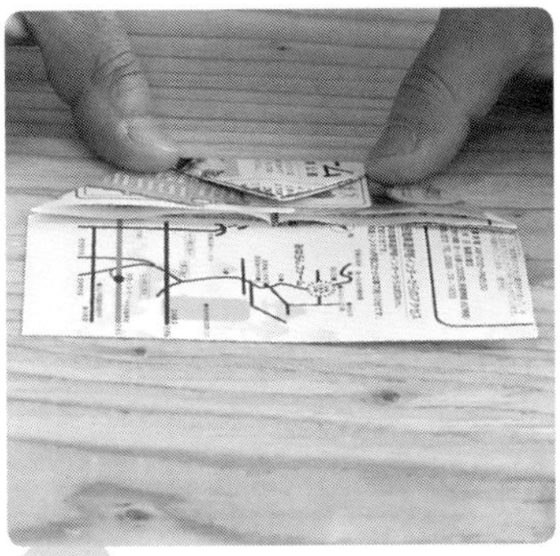

6 でっぱっている中央の角をまん中に合わせ、折り起こします。

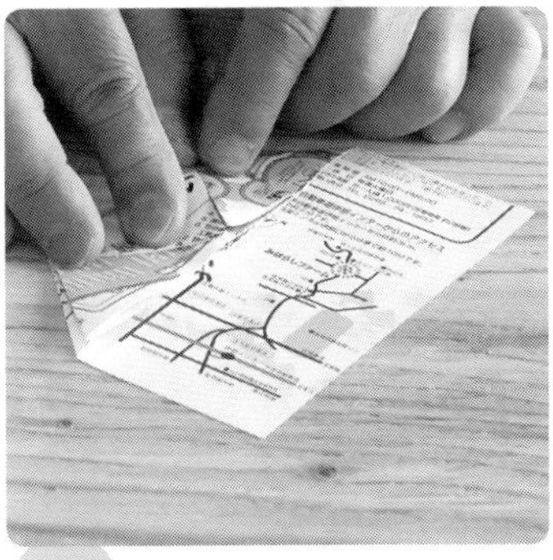

7 左右の角を中央まで折ります。

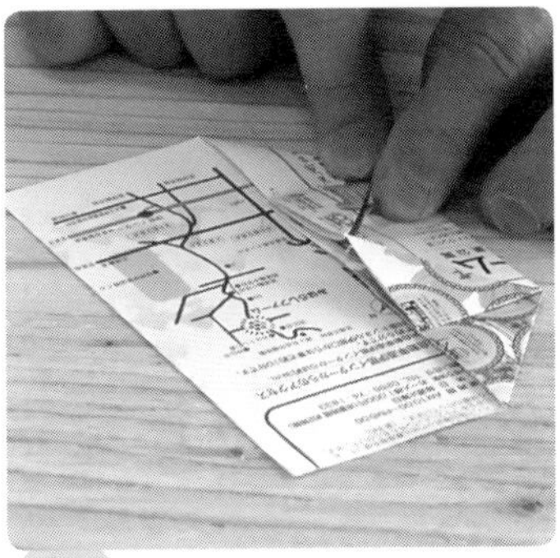

8 袋《ふくろ》状の中に入れこみます。

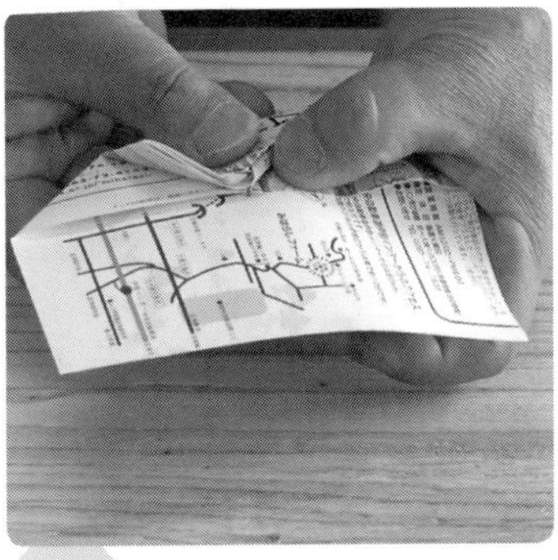

9 反対側も入れます。

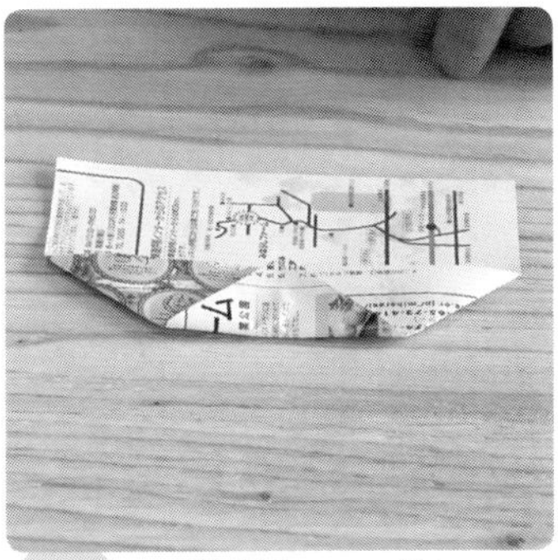

10 少し湾曲《わんきょく》ぎみに縁《ふち》を指先アイロンして、スプーンのようにします。

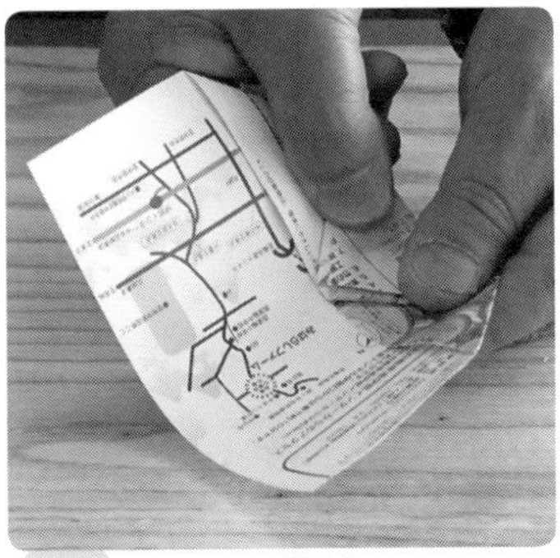

11 反対側も同様《どうよう》にします。

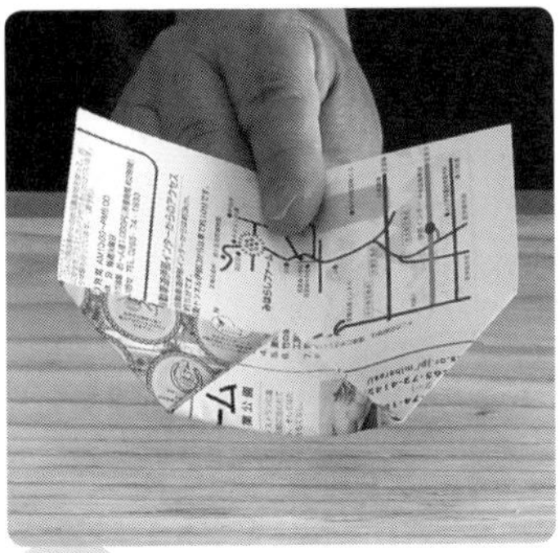

12 まん中も少し沈《しず》めます。

13 これで完成です。

華麗《かれい》に舞《ま》うよ

まさえちゃんの友だち

自分でつくったひこうきには、お友だちの名前をつけちゃったりして。「○○号」とか…。

用意するもの●なし

材料●Ａ５サイズのチラシ１枚

1 Ａ５サイズのチラシを１枚用意します。

2 ふたつ折りします。

3 タテ折りで十文字の折りすじがつきました。

4 手前の角を中心点に合わせて折ります。

5 もう一方の角も中心点に合わせて折ります。

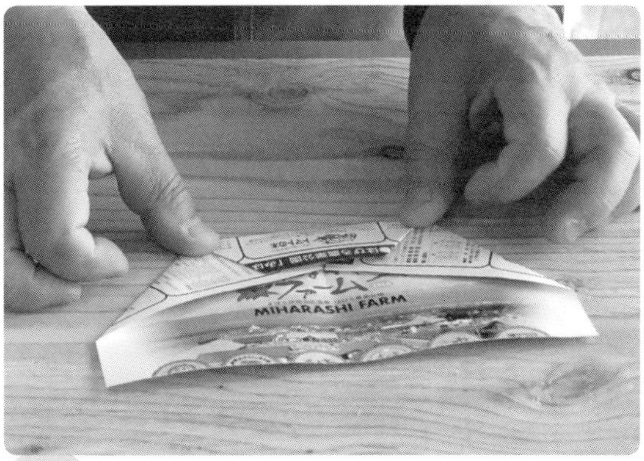

6 手前の辺を中心点に合わせて折り返します。

7 さらにまた、そこに合わせて２度目の折り返しをします。

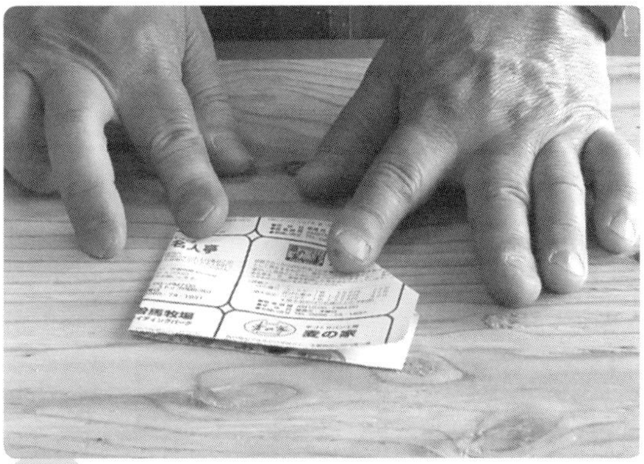

8 まふたつに折ります。

9 先端《せんたん》の折りはばの４分の１くらいから、広いほうの４分の１くらいにかけて、つばさを折り広げます。

10 反対側も同様《どうよう》です。

11 平らより少しYの字にして完成！

華麗《かれい》に飛《と》ばそう

つばめひこうき

昔からの伝承《でんしょう》形です。

用意するもの●セロハンテープ

材料●チラシ１枚

1 チラシを1枚用意します。

2 角から辺に合わせて折ります。

3 開いて反対側《がわ》も同様《どうよう》に折ります。

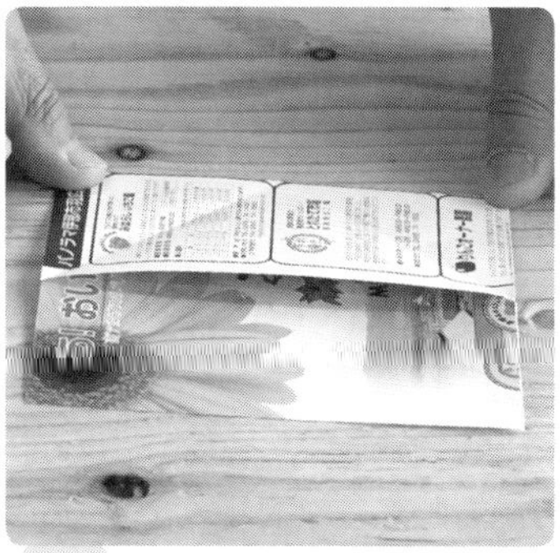

4 開いてもどし裏《うら》返して、折り線の山どうしを背中合わせして横折りします。

5 いったん開いて裏返し、両わきから指《ゆび》を押《お》しながら入れこみます。

ななめ部分に
指先アイロンを
しっかりとして
おきましょう。

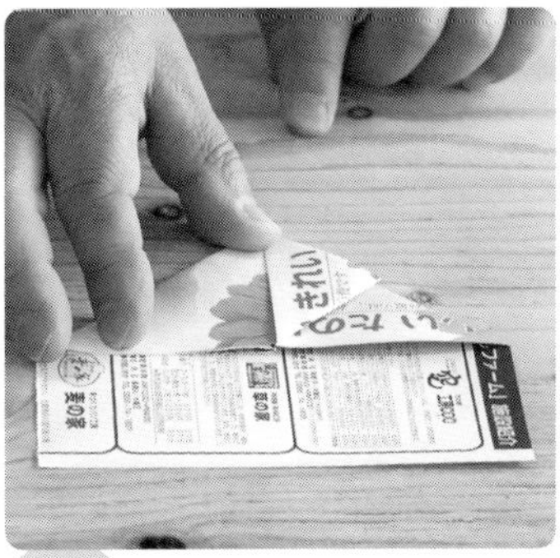

6 開いている三角を中心に、合わせて折ります。

7 反対側も同様に折ります。

8 さらにその部分を中心に向かってもうひと折りします。

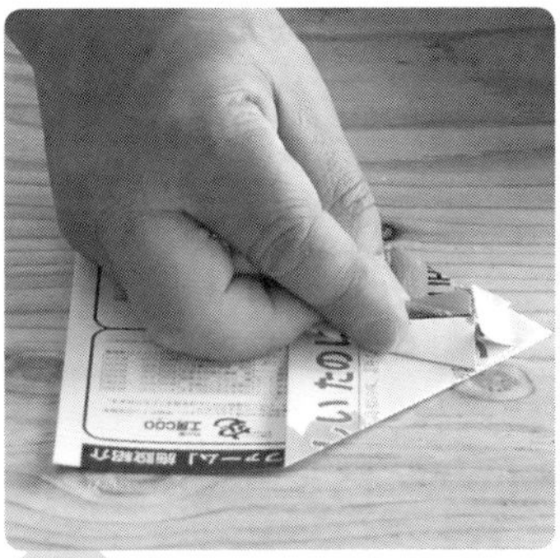

9 反対側も同様に折ります。

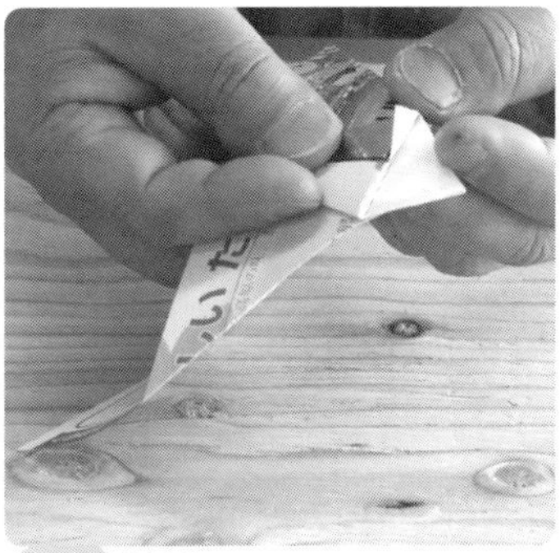

10 先端《せんたん》の左右にピラピラしている三角部分を、片方ずつ入れます。

11 もう一方も入れます。

12 折り返した先端の三角部分に、左右とも入れこみます。

13 両方入ったところで、

14 その面を内側にしてふたつ折りします。

15 厚《あつ》い部分と薄《うす》い部分の境《さかい》目《め》を指《ゆび》先で破《やぶ》くように切りながら、尾《お》の部分を少しはば広く残るような形に切り抜きます。

16 つばさの辺を、指先アイロンでしっかりしごくことがポイントです。

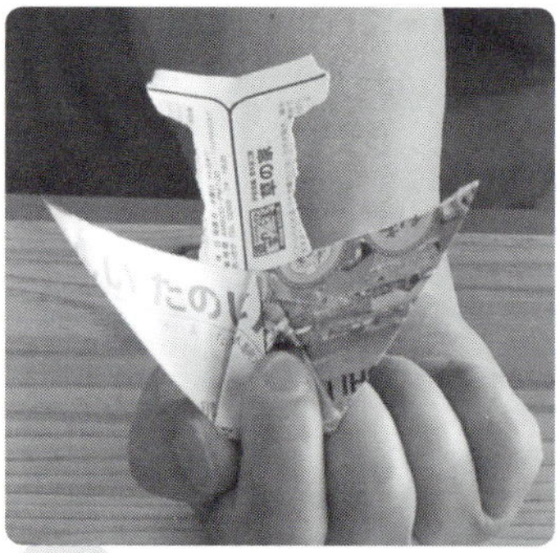

17 このような持ち方でスタンバイします。あとは目の高さ以上に手を前に出し、ひこうきをはなします。

おもちゃ博士の工房だより

著者の手づくりの原点

人は毎日、いろんなひらめきが
いろんなひらめきで
いろんなひらめきと
いろんなひらめきを
いろんなひらめきに
いろんなひらめきも

こう考えると、おもしろくてしようがない。

こんな思いで、毎日、手づくりおもちゃを研究・開発しています。

あなたにも、ひらめきのヒントがほら！

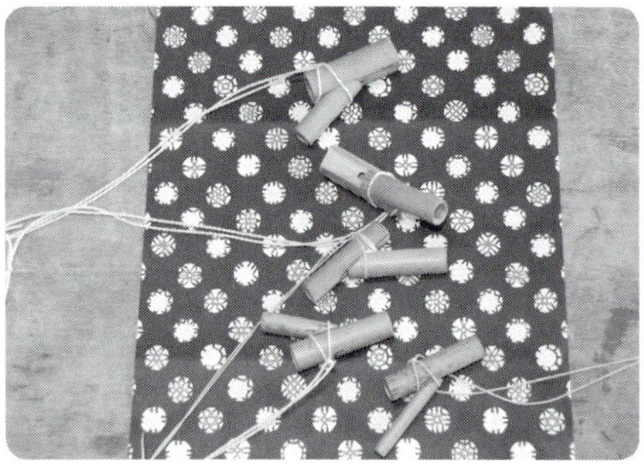

うぐいす笛

本格的な手づくりおもちゃをつくりませんか？

本書でとりあげた手づくりおもちゃは、どれも身近にある材料ばかりで、使う道具も、これまた身近にあるものばかりです。

左下の写真の「うぐいす笛《ふえ》」もとりあげたかったのですが、写真と文だけではつくり方を説明できません。なぜなら、つくり方がものすごくむずかしいからなのです。竹の切り方、切る角度、穴《あな》の大きさとあけ方、接着《せっちゃく》の角度などは本を読んだだけではわかりません。道具も身のまわりにないものが多いのです。やはり本格的な手づくりおもちゃは、体験《たいけん》しながらつくるのがベストです。

「竹の家　工房COO（空）」では随時《ずいじ》、体験教室を開いています。団体以外なら予約なしでＯＫです。ぜひ、ご家族でおいでください。

「うぐいす笛」なら、曲の演奏が可能です。

工房の場所などは71ページをご覧《らん》ください。

衝撃吸収《しょうげききゅうしゅう》バージョン

翔《かけ》るくん

先端《せんたん》のセロハンテープ・ショック・アブソーバーがポイントです。

用意するもの●セロハンテープ

材料●チラシ１枚

1 チラシを1枚用意します。

2 半分に折ります。

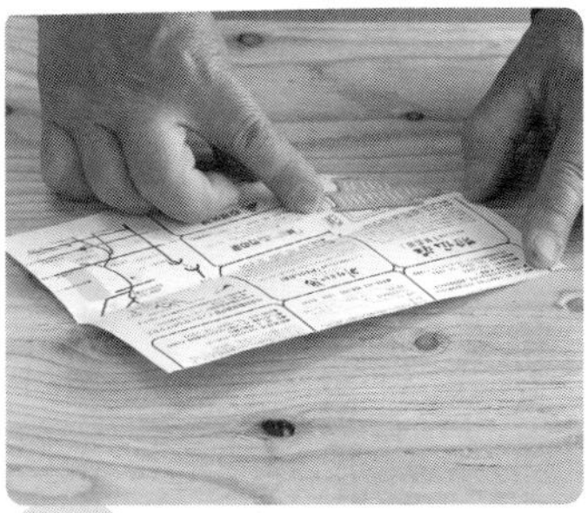

3 折り線に合わせて角から折ります。

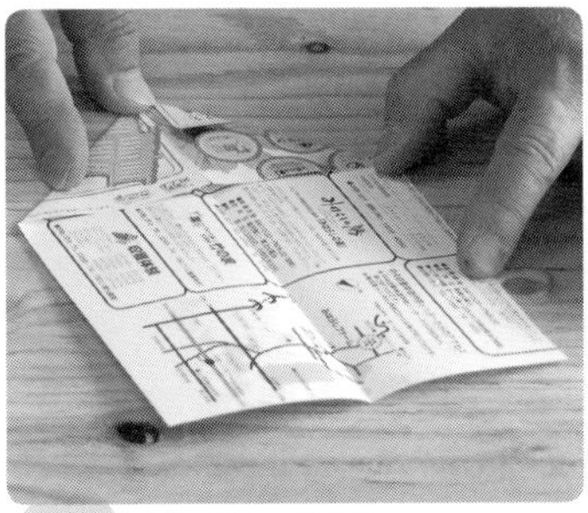

4 反対側《がわ》も同様《どうよう》です。

5 さらに中心線に合わせ、もうひと折りします。

6 反対側も同様です。

7 裏《うら》返して、角の１cmほどを折り返します。

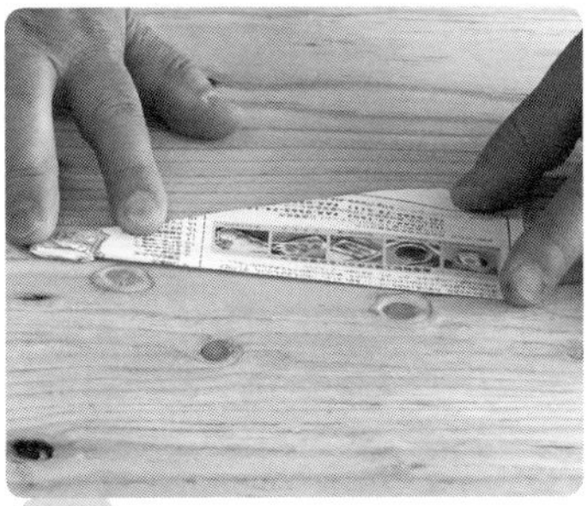

8 折り返し部分が外に見えるように、ふたつ折りします。

9 山に合わせてつばさを開き折りします。

10 反対側も同様です。

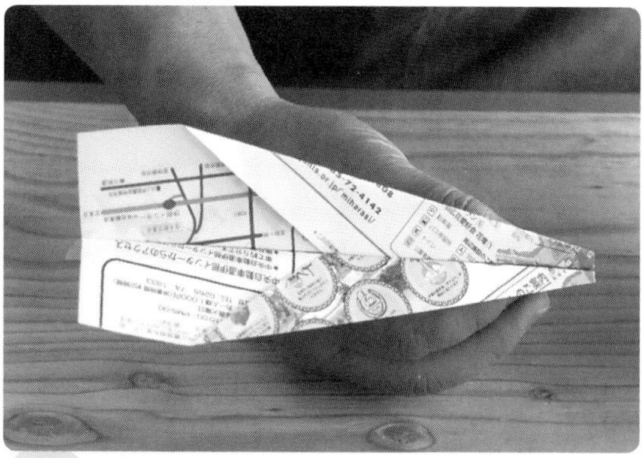

11 機体《きたい》の部分を手に持ちながら、つばさを少しYの字に起こします。

折り返し部分の
輪ゴムのかかるところは
避《さ》けるように。

12 先端《せんたん》にピッチリとセロハンテープをはっていきます。

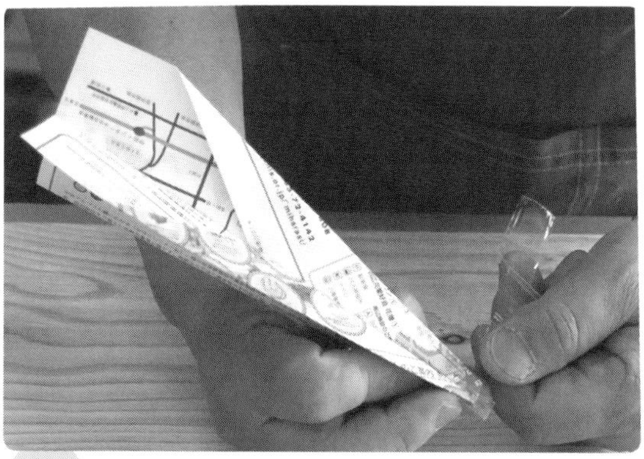

13 テープの一部をひこうきの先端より少し外に、はみ出るようにはります。

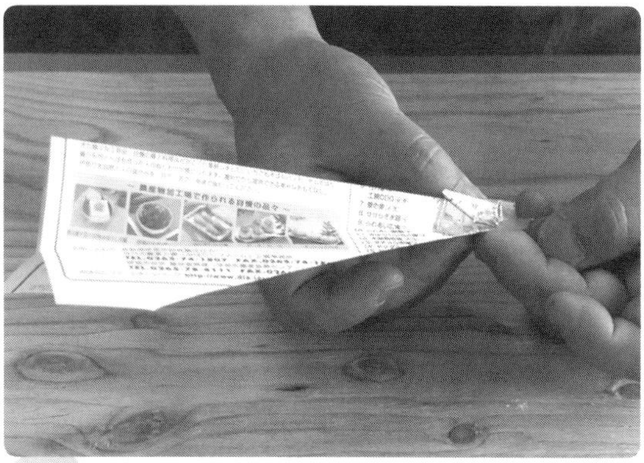

14 このはみ出たテープの部分が、どこかにひこうきが当たった時、衝撃を吸収し、先端がつぶれにくくなります。

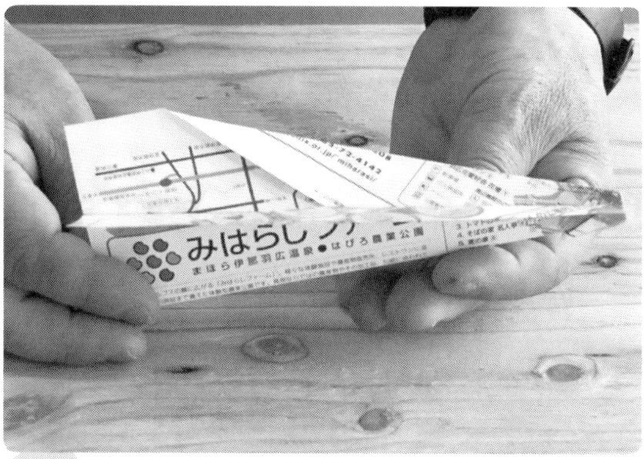

15 これで完成！

目が回る

クルクルロケット

回り方しだいで飛《と》び方もいろいろです。

作り方は22ページ「翔《かけ》るくん」の15まで同じです。

用意するもの●セロハンテープ、輪ゴム

材料●チラシ１枚

16 つばさの全長から後ろ４割くらいのところを、まん中の谷折りに向かってななめに折ります。

17 機体《きたい》部分も同様に、ひねり方向を合わせて折ります。

18 もうひとつのつばさも同《どう》様《よう》に、後ろにななめ折りします。

19 全体のななめを手のひらでつつむようにしてぐるぐると回します。

20 先端《せんたん》に輪ゴムをかけ上空に飛ばします。
回転しながら飛行《ひこう》します。

目まいがするかも

くるくるあそび

気持ちよく回りながら降《お》りてくるのを見ているとつい、うっとりしてしまいます。

用意するもの●セロハンテープ、はさみ、輪ゴム

材料●Ａ５サイズのチラシ１枚

1 小さめのチラシを1枚用意します（Ａ５サイズくらい）。

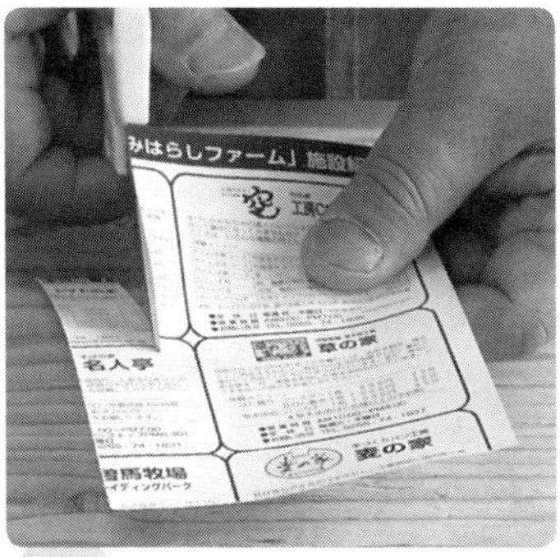

2 ２cmはばくらいのところにはさみを入れ、半分くらいまで切ります。

3 はばの広いほうをふたつ折りします。

4 最初に残した２cmはばで、全体を巻《ま》き折りしていきます。

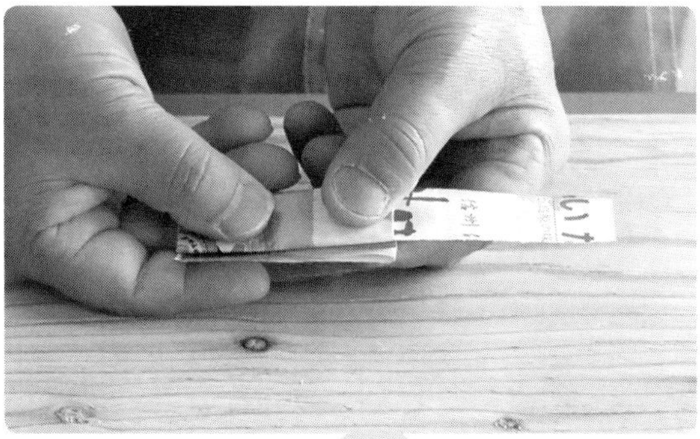

5 全部巻きこみます。

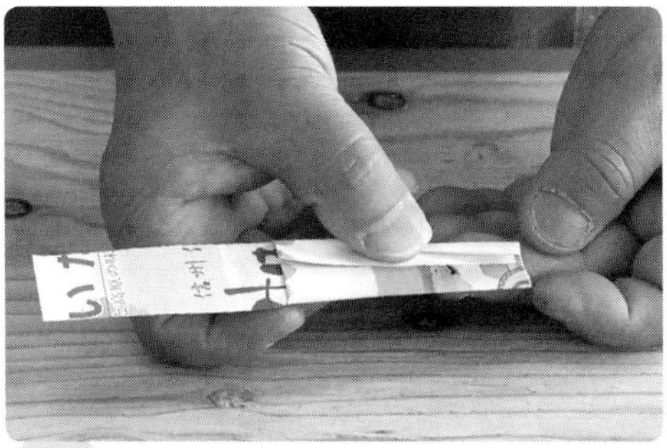

6 厚《あつ》くなった部分の先端《せんたん》を、ななめに細く折ります。

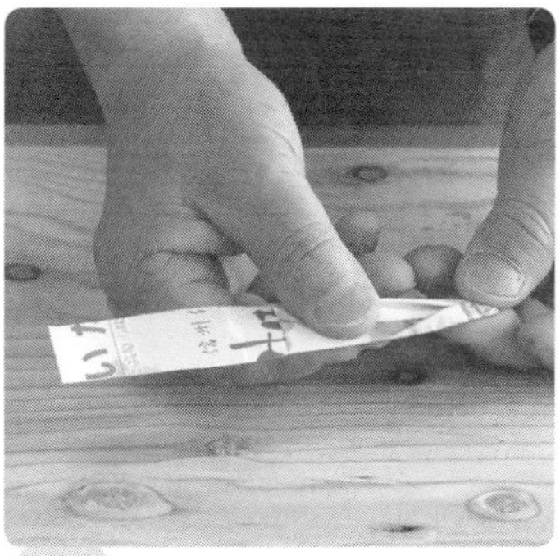

7 反対側《がわ》も同様《どうよう》に折ります。

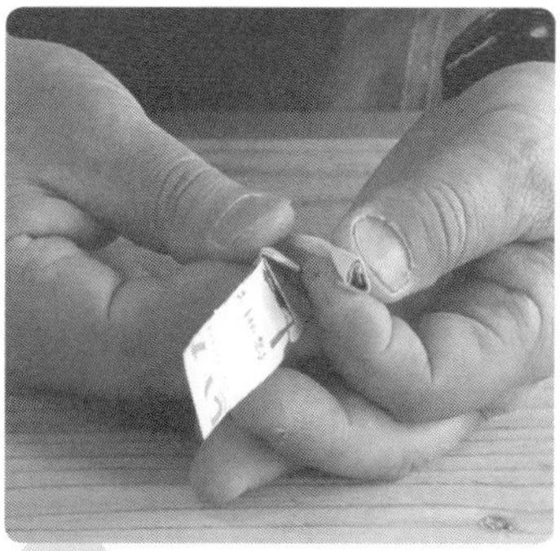

8 さらにそこを８割ほど折り曲《ま》げます。

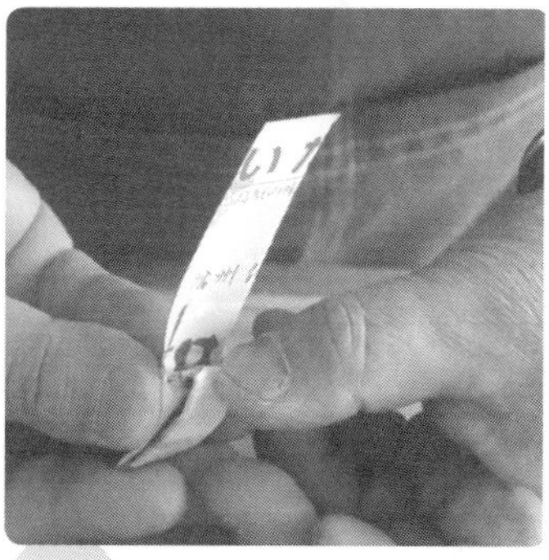

9 巻き折り部分に細い先端をなんとか入れこみます。

むずかしい時は、セロハンテープで止めてもOKです。

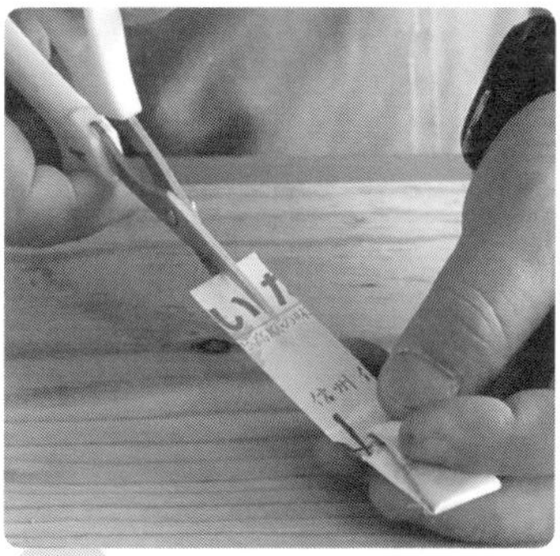

10 １枚ピラッとしている部分のはばを、ちょうどまん中で切ります。

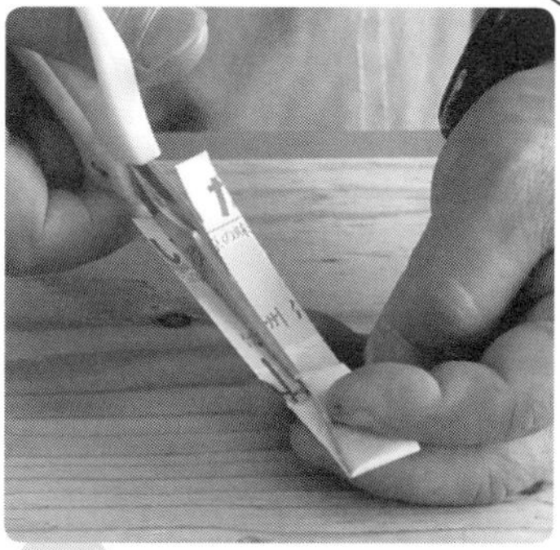

11 厚いところまで切ります。

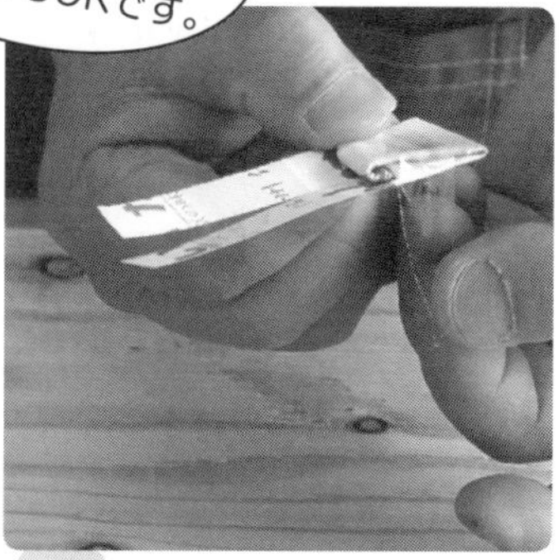

12 OK。

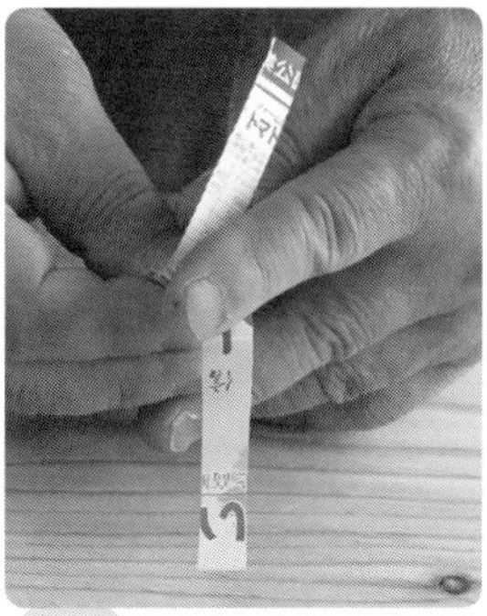

13 切りこんだプロペラの部分を、押《お》しながら開きます。

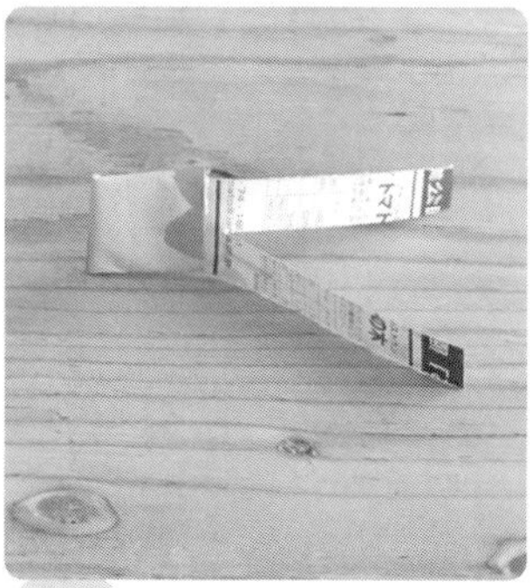

14 このようになります。

15 先端の厚い部分を持って、上に投げましょう！

16 先端に輪ゴムの引っかけ部分を作る時には、はさみで切りこみを入れます。

17 角度を変えて２回はさみを入れると、ひっかけ部分ができます。

18 切りこんだ三角部分は取りのぞきます。

19 輪ゴムをかけたら上空へビューン！

おもちゃ博士の工房だより

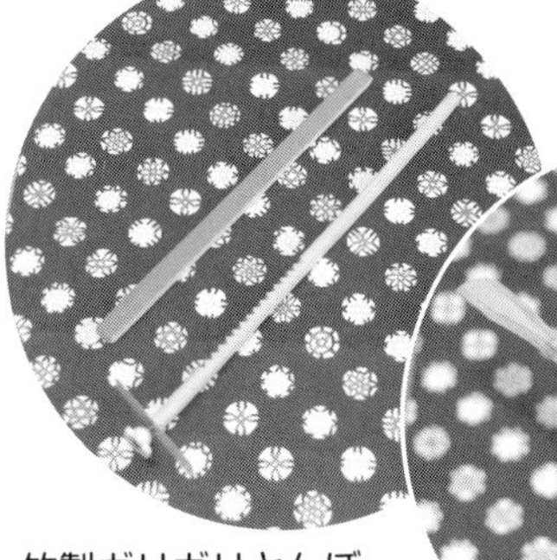

竹製ガリガリとんぼ

竹とんぼ

初級・中級・マニア級
自分だけの竹とんぼづくりを

本書では「ペーパー竹とんぼ」（48ページ）、「スティックとんぼ」（50ページ）、「ペーパーガリガリ」（92ページ）をご紹介《しょうかい》しましたが、やはり本格的に竹でつくりたいものです。でも、本書ではとりあげませんでした。その理由は20ページに書いてあります。

本格的に楽しむには、「竹の家　工房COO（空）」の体験教室においでください。初級からマニア級までの４コースを用意しています。

工房の場所などは71ページをご覧《らん》ください。

見たら伝えにゃいられない

うわさの紙ひこうき

はがきサイズの紙きれが大空高く舞《ま》い上がり、優雅《ゆうが》に飛《と》んで降《お》りてきたらうれしいですね。滞空《たいくう》時間が長い！

用意するもの●のり、はさみ、輪ゴム

材料●はがきサイズの紙１枚

1 チラシをはがきサイズに切ります。

2 １cmほばくらいで１回折ります。

3 そこをそのまま、もう１回巻《ま》き折りします。

4 巻き折り部分を外にして、ちょうど半分にふたつ折りします。

5 いったん折りをもどして、中心の折り線付近にのりをつけます。

6 また折りもどして、角をしっかり押《お》さえ、のりをかためます。

7 厚《あつ》くなっている部分にななめの切りこみを入れます（輪ゴムのかかる部分）。

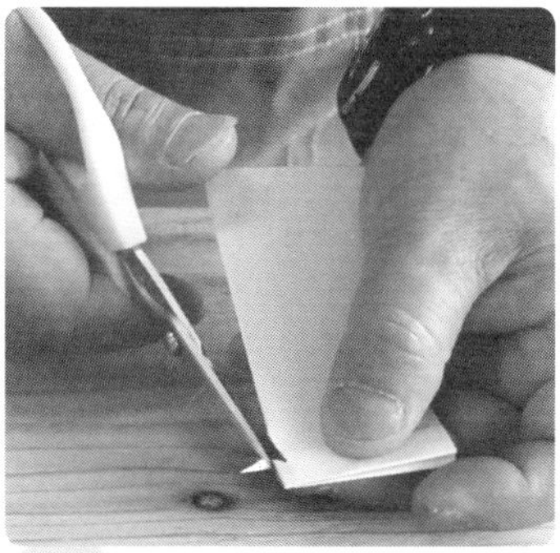

8 角度を変えて切りこみます。切りくずははずします。

9 角から数mm離《はな》れたところから、少しななめに折り返します。

10 その折り線で巻き折りします。

11 反対側《がわ》もまったく同様《どうよう》に折ります。

12 その線で巻き折りします。

13 2回目の折りの内側の角にのりをつけ、開かないようにします。

14 反対側も同様です。

15 この主翼《しゅよく》の一部に、はさみで1cmほどななめに切りこみを入れます。

16 主翼を半分のはばで折り返し、つばさにします。

17 反対側もこの折りに合わせます。

18 このままで切りこみを入れた尾翼《びよく》を折り返します。

19 反対側も同様にします。

20 先端《せんたん》の内側にのりをつけてかためます。

21 全体のできあがりです。

22 輪ゴムを先端の切りこみにかけて、上空に向けはなして発射《はっしゃ》！　ジャパンカップにもチャレンジできるできばえです！

※カバーの袖《そで》に型紙があります。

ふたつは実《じつ》は、なかよしさん

吹《ふ》きごまA　吹きごまB

なかなか思ったようにいかない独楽《こま》った遊びです。

用意するもの●はさみ

材料●チラシ１枚

1　チラシ１枚を半分に切り離《はな》します。

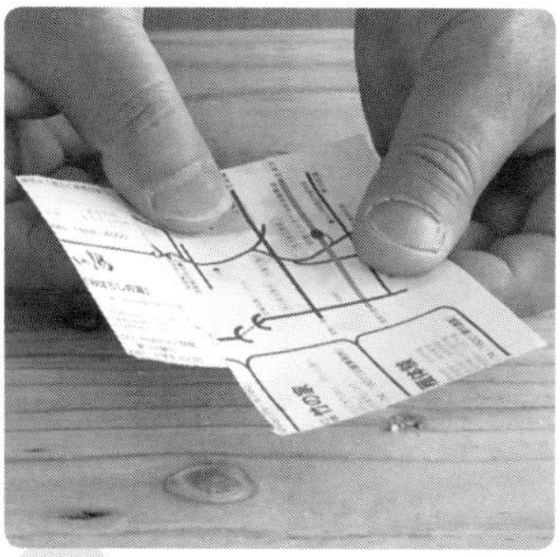

2　２枚の角をきちっと合わせます。

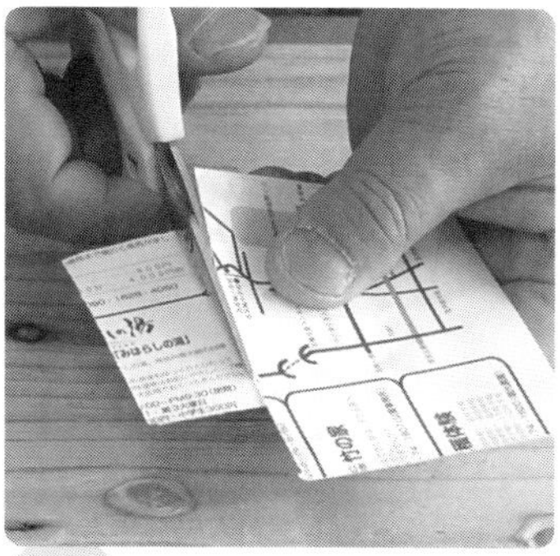

3　はみ出ている部分をはさみで切り離します。

4　もう一方も同様《どうよう》に切ります。

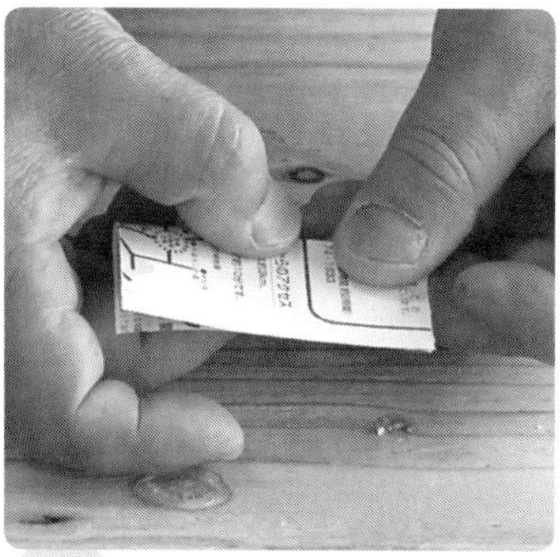

5　タテ・ヨコ１対１の正方形になりました。

6　１枚目の各辺ともまん中あたりを少し折り、すじをつけます。

7 そこに1cmほど、はさみで切りこみを入れます。

8 4辺とも同様に切ります。

9 切りこみの入ったところから角に向かって折ります。

10 4コーナーとも折ります。

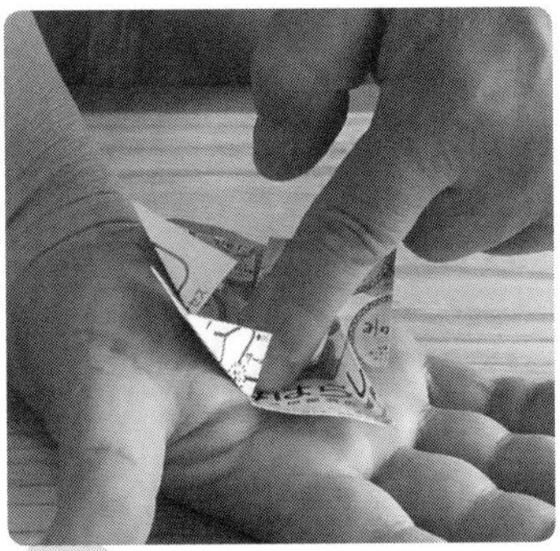

11 全体を手のひらの中央におき、指《ゆび》で押《お》してへこませます。

12 机《つくえ》の上におきます。

13 次にもう1枚を対角線《たいかくせん》に折ります。

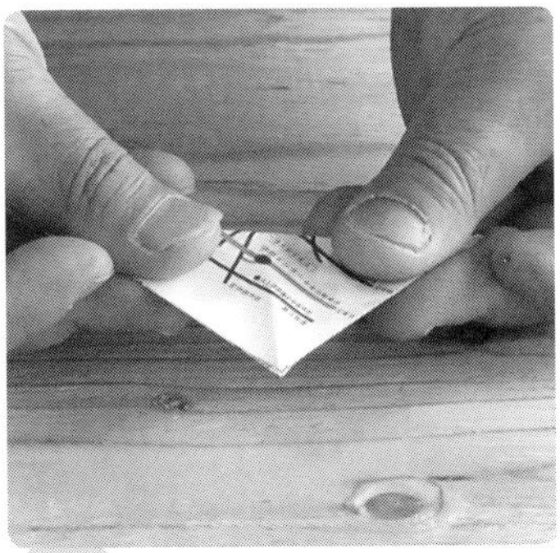

14 ×印の折り線になるよう、もう一方の対角線も折ります。

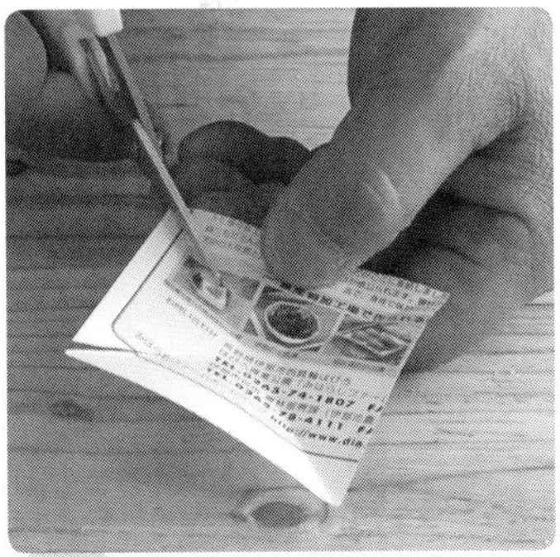

15 その折り線上を、中央に向かって各コーナーから1cmほど切りこみます。

16 各切りこみから辺に合わせて折り返します。

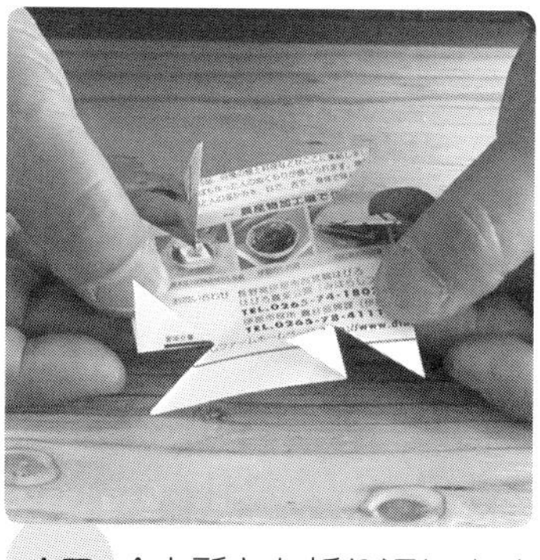

17 4カ所とも折り返します。

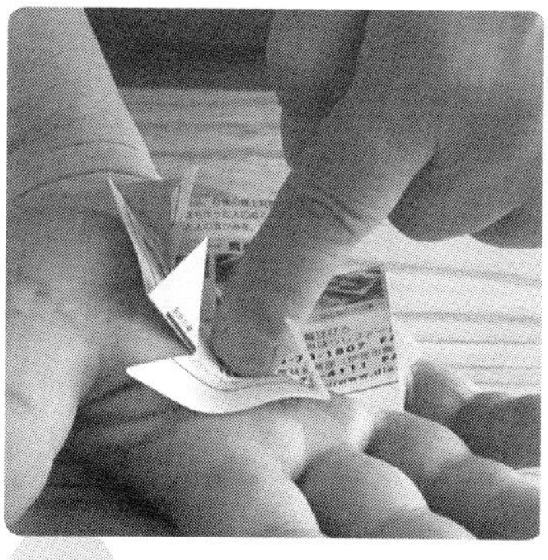

18 全体を手のひらの中央におき、指で押しこみ、へこまします。

19 1個めと少し離れたところにおきます。

20 どちらかを上から吹いて回しながら、もうひとつのこまに近づけるという遊びです。

21 完全にぶつかって、もうひとつも回れば成功！

回った！
なかなか思うようにいかない遊びです。

よくある３枚ごま

富《ふ》士《じ》ごま

紙も３枚よると力が出るねえ。

用意するもの●セロハンテープ、千枚どおし

材料●正方形（Ａ４サイズの４分の１）のチラシ３枚、太い糸

1 正方形のチラシを３枚用意します。

2 １枚目をふたつ折りします。

3 中心線に向かってはしから折ります。

4 向かい側《がわ》も同様《どうよう》に折ります。

5 折った側を中にしてふたつ折りします。

6 中央の折り線に合わせて、

7 片方ずつ両方から折ります。

8 中心の折り線に、次の折り線どうしを向かい合わせに折ります。

9 反対もそうします。中央で折り線の×印ができます。

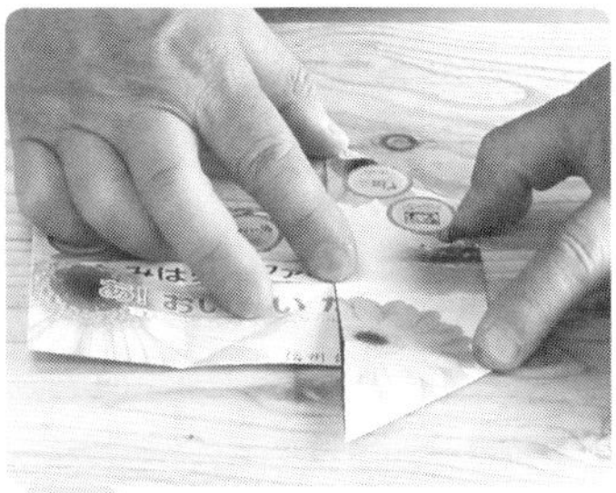

10 その折り線のところを中心に向かって開き、角をつぶして押《お》さえます。

11 船《ふね》の向かい合わせができます。

12 船の先を90度、向きを変えます。

13 よすみを立ててから四角につぶします。

14 4カ所とも折りつぶします。

15 それぞれのコーナーに向かって中心の対角線《たいかくせん》にひと折りします(左右とも)。

16 4方向とも同様《どうよう》にします。

17 4カ所の角を折り返します。

18 折りすじをつけたらもどして、折りすじのところで開き、細長いダイヤの形につぶします。

19 4方向にツンとするどく出ます。

20 中心の折りから開いて折り返します（4すじの中心から中心まで)。

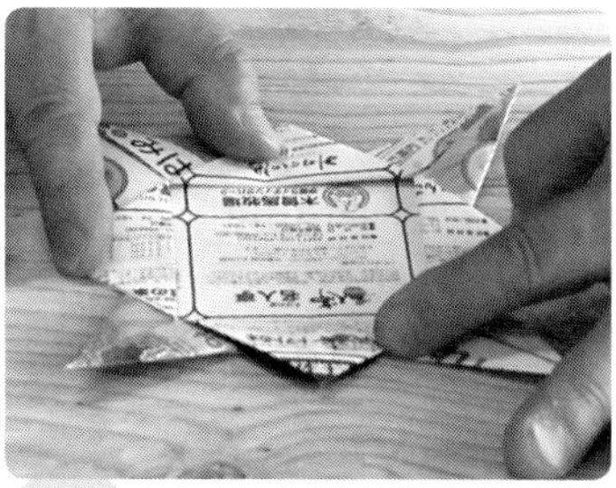

21 4カ所開きます。

22 でっぱりの４すじをもどします。

23 ４カ所もどします。

24 ２枚目をふたつ折りします。

25 田の字にもう一方も折ります。

26 中心の交点に向かって、角を折り曲《ま》げます。

27 よすみをまん中に折り曲げます。

28 全体を裏《うら》返します。

29 さらに中心点に向かって、よすみから折ります。

30 ４カ所折ります。

31 もう一度全体を裏返します。

32 また中心に向かって角を折ります。

33 よすみとも折ります。

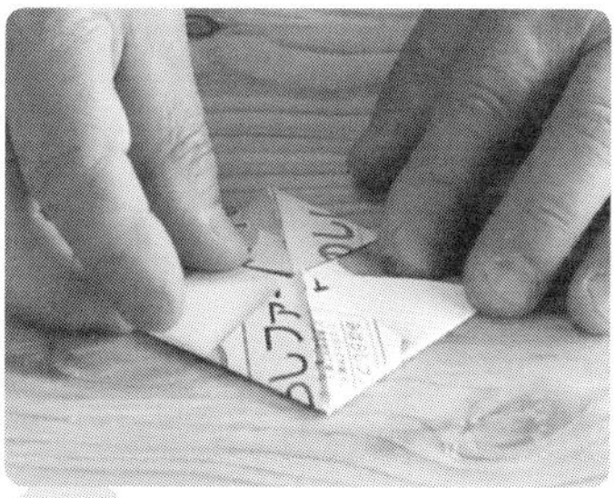

34 全体を裏返します。

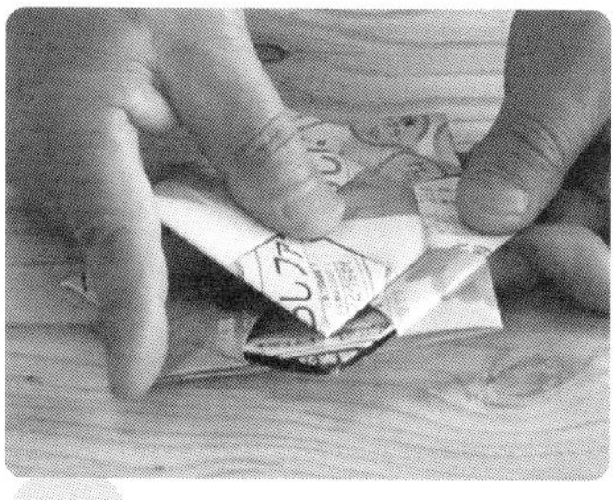

35 そのまま1枚目の折りに角をさしこみます。

36 よすみとも入れます。

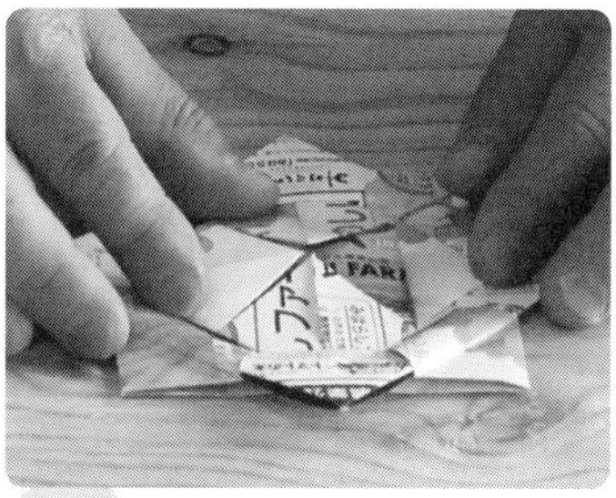

37 三角になっているところを折り返します。

38 4カ所とも折り返します。

39 3枚目をふたつ折りします。

40 田の字に折ります。

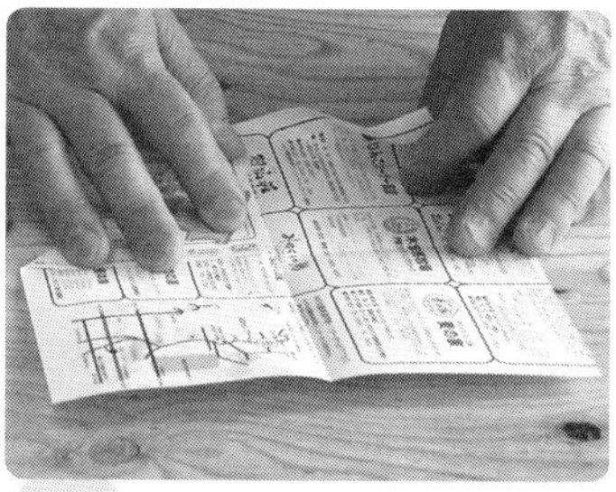

41 角から中心に折り込みます。

42 よすみとも折ります。

43 その面のまま、また、同じことをします。

44 42のひと回り小型になります。

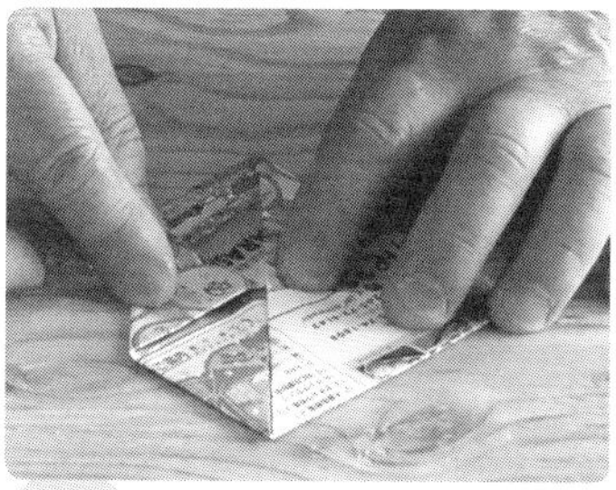

45 さらにこのくり返しですが、今度はとなりどうしが少しすきまをあけます。

46 よすみを折ります。

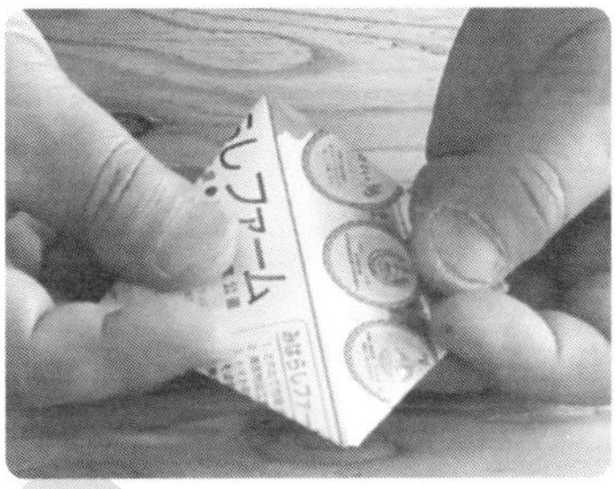

47 折った側を内側に対角線折りします。

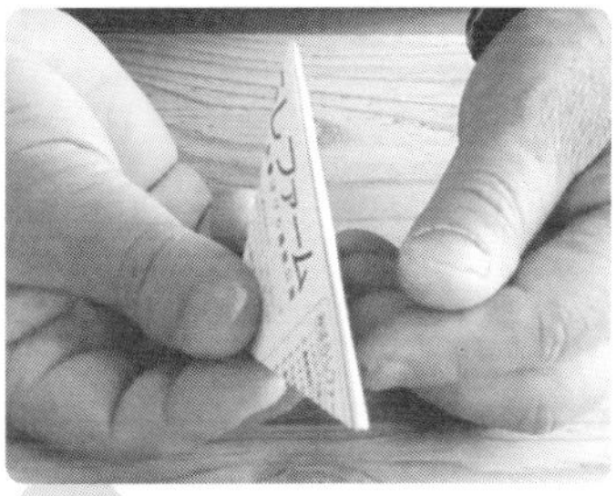

48 折りたたんで少しだけ、折り山を押さえます。

49 もう一方も同様にします。

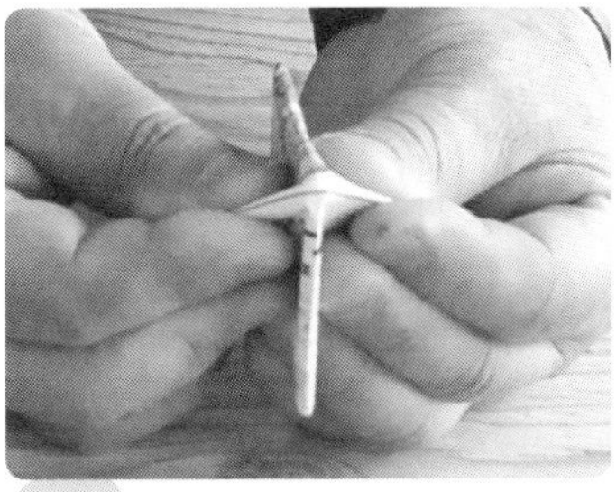

50 そこで、先に折った山と、あとの山で４方向に尾根《おね》を作ります。

51 それぞれの先端《せんたん》を２枚目のすきまに入れていきます。

52 ４カ所入って完成！

53 とんがりお山に指《ゆび》を当て、回してみましょう。

宙《ちゅう》で回るよ

ぶんぶんごま

しっかり回ると気持ちいい！

用意するもの●セロハンテープ、千枚どおし

材料●A４サイズの４分の１の紙２枚、糸

1　Ａ４サイズの４分の１の紙を２枚と糸（肩《かた》はばの２倍の長さ）を用意します。

2　まず、ひとつの角を辺にそって折ります。

3　その三角を包《つつ》みこむように残りの部分を折り曲《ま》げます。

4　はみ出た部分を中側《がわ》に折りこます。

5　いったん開いて、同じことをもうひとつの角でやります。

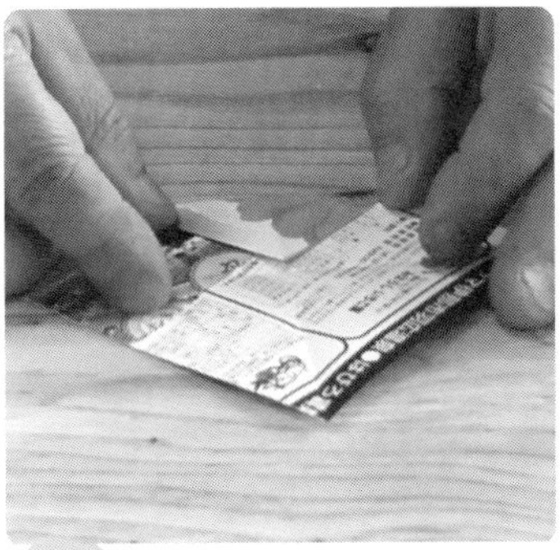

6 開いて正方形にしたら、ひとつの角を中心に折ります。

7 残りも同様《どうよう》に、中心に向かって折ります。

8 さらにそこから中心に向かって折ります。

9 4方向とも折り、小さな四角にします。

10 2枚とも同様にします。

11 折った側を内側に、辺のまん中あたりに相手の角がくるようにして、中心がずれないように合わせます。

12 セロハンテープでふちをしっかりはり合わせます。

13 4辺をはり合わせます。

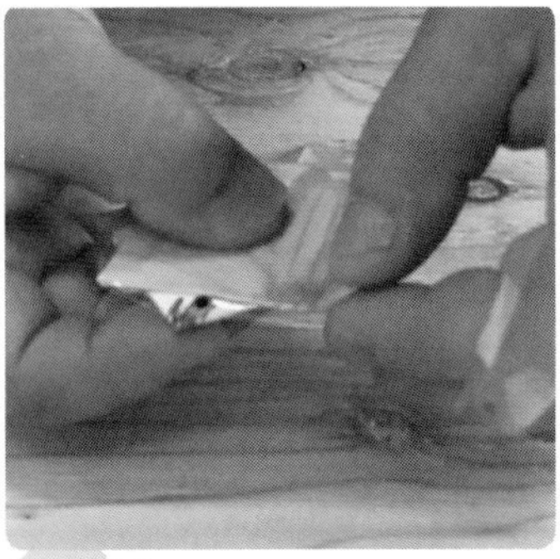

14 裏《うら》側もしっかりはり合わせます。

15 中心に2カ所、1cm間《かん》隔《かく》の穴《あな》を千枚どおしなどであけます。

16 それぞれの穴はひとつの対角線《たいかくせん》上です。

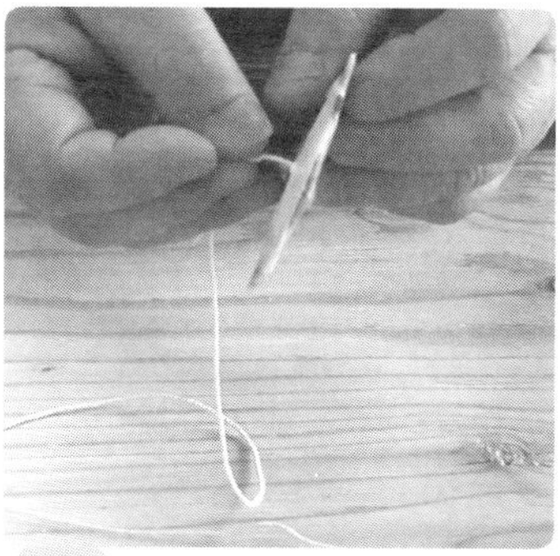

17 糸をとおし、向こうからまたこちらにもどってきます。

18 糸のはしを結んで完成！

19 ちょっと引っぱってすぐもどします。

20 少しずつ回り始めたらOKです。

まるで竹とんぼ飛《と》ばしのようです

手回しごま

焼《や》き鳥《とり》のくしも目が回ります。

用意するもの●セロハンテープ、千枚どおし

材料●正方形のチラシ１枚、焼き鳥のくし１本

1　正方形のチラシと焼き鳥のくし、セロハンテープ、千枚どおしを用意します。

2　ふたつ折りします。

3　もう一方からもふたつ折り（田の字）します。

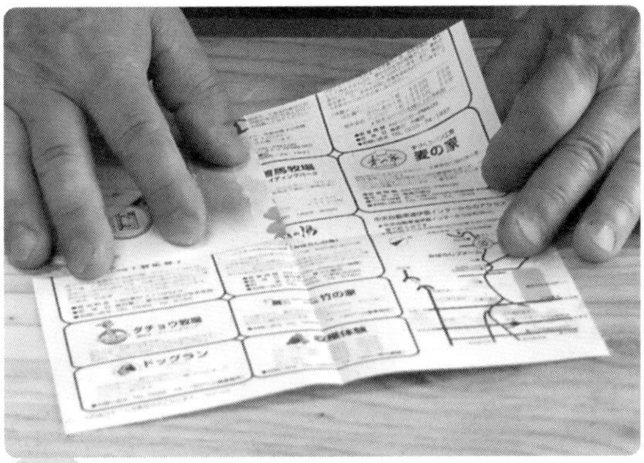

4　中心（交点）に向かって折ります。

5 4方向から折りこみます。

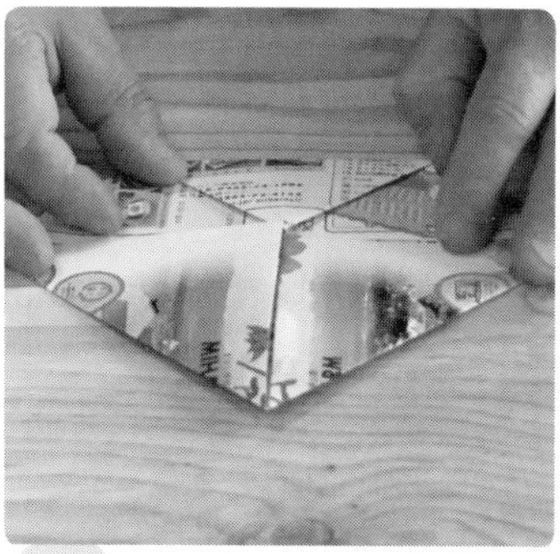

6 さらにもうひと回り小さくなるように、4方向とも折っていきます。

7 すべて折りました。

8 中心に千枚どおしで穴《あな》をあけます。

9 焼き鳥のくしをさしこみます。

10 セロハンテープで固定します。

11 両手でもみこめば回ります。

12 サイズもいろいろでOKです。

あっという間に

超《ちょう》かんたんミニだこ

竹骨《ぼね》はいっさい使いません。

用意するもの●セロハンテープ、はさみ

材料●かためのはがきサイズの紙１枚、チラシ、たこ糸

1 少しかための、はがきサイズの紙１枚と糸少々、セロハンテープを用意します。

2 対角線《たいかくせん》の角と角を合わせてふたつ折りします。

3 ななめの辺をそれぞれセロハンテープで裏表《うらおもて》止めます。

4 ここもテープ止めです。

5 ふたつ折りにします。

6 あげ糸をセロハンテープで止めます。

7 この位置あたりでOKです。

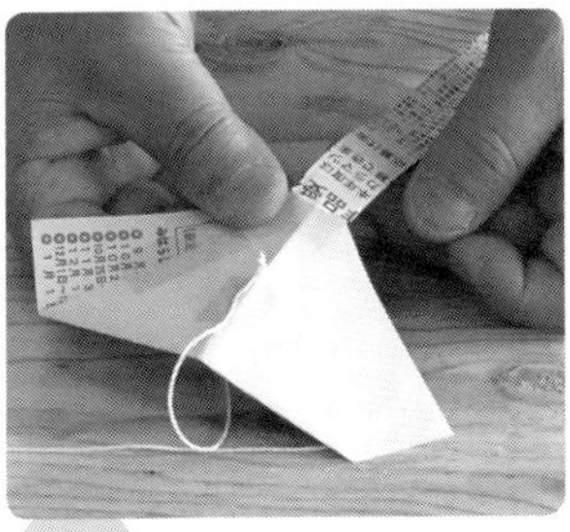

8 チラシを10数mmはばに切り、セロハンテープでつなげ、尾《お》をつけていきます。

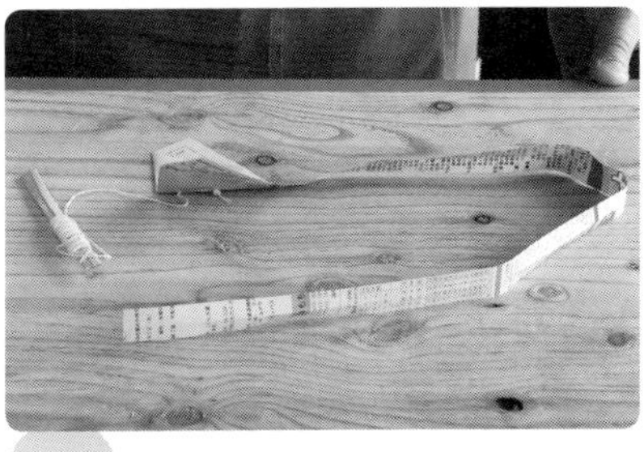

9 完成！

わりと簡単《かんたん》なんですよ

ダイヤだこ

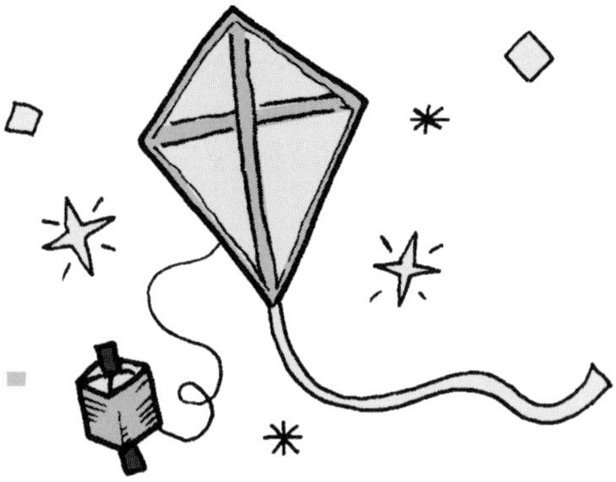

竹骨《ぼね》がなくても許《ゆる》してね。

用意するもの●セロハンテープ、カッター、千枚どおし

材料●チラシ３枚、たこ糸

1　チラシ３枚とセロハンテープを用意します。

2　対角線《たいかくせん》に折り、指《ゆび》先でしっかりアイロンがけをしてください。

3　折りすじをカッターなどで切ります。

4　片方を裏《うら》返して、

5　まん中で合わせ、

6　セロハンテープで上から下までしっかり止めます。

7　次はヨコ骨です。まずチラシを半分に折ります。

8 さらにその半分のはばに軽くしるしをします。

9 さらにその半分のはばにします。

10 さらに細くします。とにかくできるだけ細くします。

11 そのはばで巻《ま》き折りしていきます。

12 巻ききります。

13 セロハンテープで止めます。

14 全体をしっかり止めます。

15 14をヨコに置いて、

16 セロハンテープで止めます。

17 次にタテ骨用を作ります。チラシを対角線に折ります。

18 やはりかなり細いはばでスタートです。

19 そのはばできつく巻きこんでいきます。

20 巻ききったらセロハンテープで止めます。

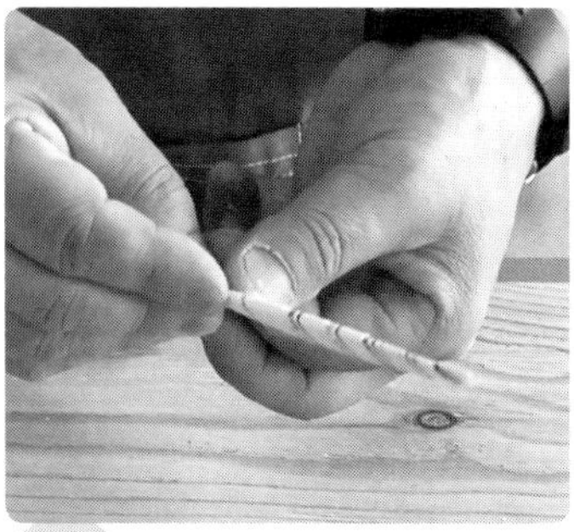

21 巻き折り最後の2カ所を止めればOKです。

22 タテ位置におき、

23 まず上下両端《りょうたん》を止めます。

24 中ほども何カ所か止めます。

25 タテ・ヨコの交点の上のほうに、千枚どおしなどで2カ所穴《あな》をあけます。

26 かたいので慎重《しんちょう》にしながら、こんどは交点の下側です。

27 途《と》中《ちゅう》からは手で持ち上げて、突《つ》き抜《ぬ》けるまでがんばってください。

28 その穴に骨紙のない裏から糸を通します。

29 突き抜けたらもうひとつの穴で表《おもて》にもどってきてください。

30 そこを結《むす》んでしまいます。

31 こま結びでしっかりと。

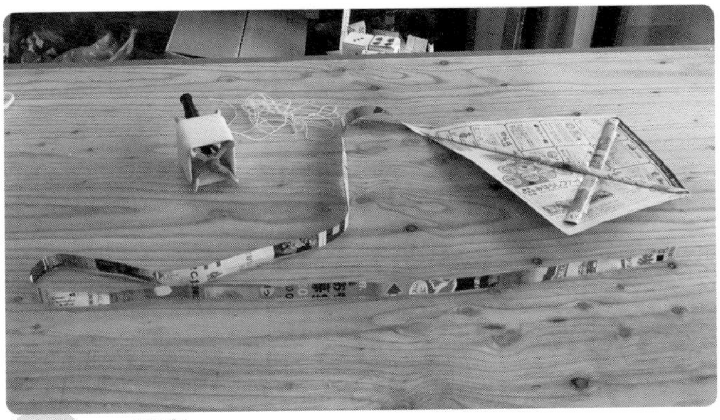

32 細い短冊《たんざく》にしたチラシをセロハンテープでつないでいき、尾《お》にします。尾をたこのいちばん下にはって完成です。

紙でもバッチリ！

ペーパー竹とんぼ

竹とんぼというのは遊びの種類《しゅるい》です。
紙でも堂々《どうどう》と飛びますよ。

用意するもの●はさみ、セロハンテープ、のり

材料●薄《うす》い紙１枚、少し厚《あつ》い紙１枚

1　薄い紙と少し厚い紙を用意します。

2　細長く切った薄い紙を厚紙にあてがいます。

3　そのはばで切ります。

4　薄い紙をタテとヨコに折ります。

5　山折り部分を手に持って、あいているほうをカーブさせながら切ります。

6 開いた形のまま厚紙にのりではり、その輪郭《りんかく》どおりに切り抜《ぬ》きます。

7 羽《はね》のできあがりです。

8 厚い紙の残りをふたつ山に折ります。

9 さらにはばが細くなるまで巻《ま》き折りしていきます。

10 セロハンテープで止め、ピン！となっている軸《じく》のはしの左右のはばを同じくらいにしたところを1cmほどはさみで切ります。

11 そこを左右に開きます。

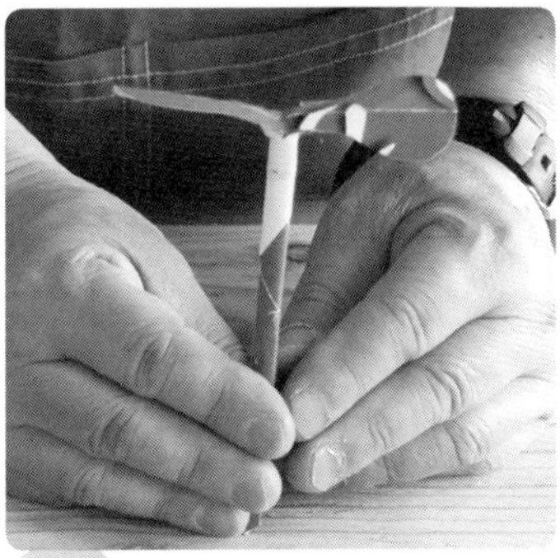

12 のりをつけてプロペラの中心部分とはり合わせます。

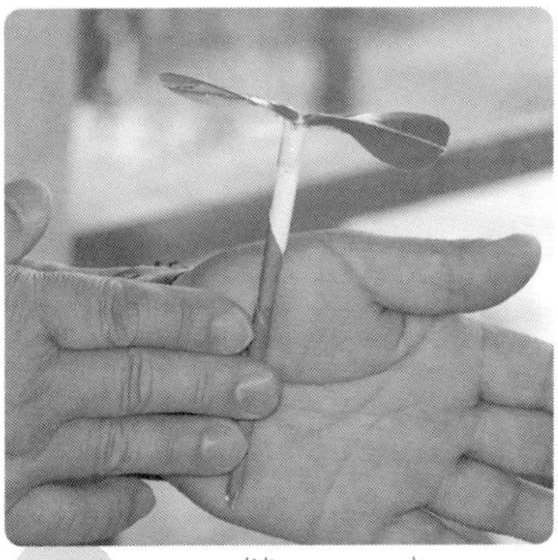

13 完全に乾《かわ》いたら飛《と》ばしてみよう。飛ばす時の手の形は、このように！

14 飛んでいます。

なめたらあかんで！

スティックとんぼ

アイスクリームのスティックと焼《や》き鳥《とり》のくしが合体《がったい》して空に舞《ま》います。

用意するもの●電動《でんどう》ドリルまたはきり(穴《あな》あけ用)、はさみ、ローソク、マッチまたはライター、接着剤《せっちゃくざい》

材料●アイスクリームのスティック１本、焼き鳥のくし、チラシ１枚

1 アイスクリームのスティックと、焼き鳥のくし、電動ドリルまたはきり（穴あけ用）を用意します。

2 チラシの上にスティックをのせ、長さをしるします。

3 その長さのしるしでチラシをふたつ折りして、中心を出します。

4 スティックの形にトレースします。

5 出した中心にドリルまたはきりで穴をあけます（くしより少し小さめの穴）。

6 くしを穴にさしてみます。

7 くしの先端《せんたん》から少し入ったところとスティックを合わせます。

8 スティックの長さのところをいったん、指先で押《お》さえておきます。

9 その押さえた部分をまん中の穴に当て、スティックの半分の長さに当てます。

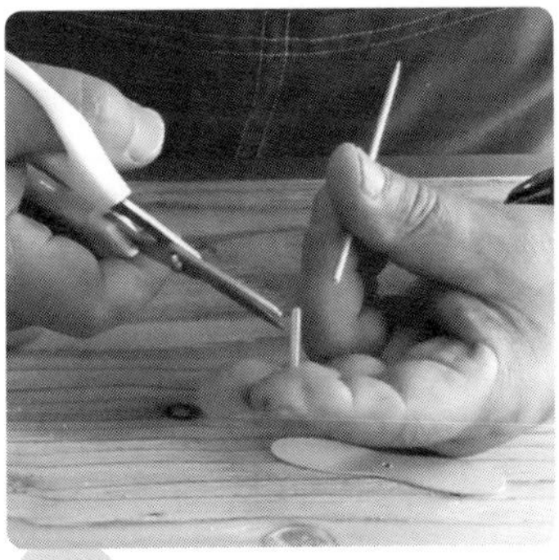

10 スティックのはしをはさみなどで切ります（スティックの1.5倍がくしの長さ）。

11 スティックをローソクの炎《ほのお》の上で手早く移動させながら熱します（燃えないように）。

12 動かしながらひねりを入れます。

13 ひねったまま火から遠ざけ、さめるまで持っています。

14 軸《じく》をしっかりさして、左右の直角を見ます。

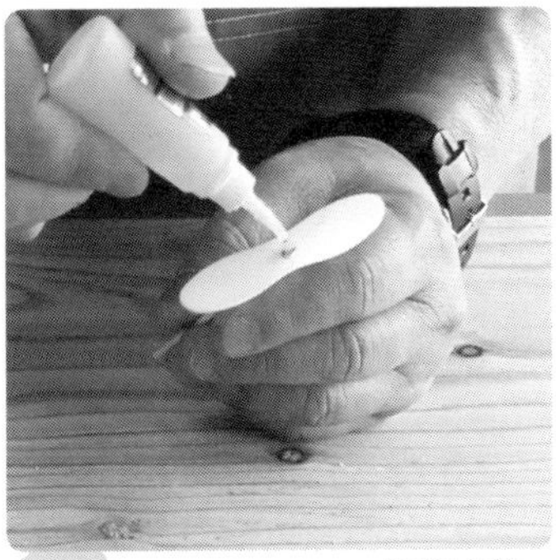

15 OKのところで接着剤《せっちゃくざい》を注ぎます。乾《かわ》いたら完成です。

羽《はね》もたまには自由になりたい

羽だけ飛《と》んでく竹とんぼ

羽を２枚つけてもおもしろいかも。

用意するもの●はさみ、セロハンテープ、ボールペン、のり、千枚どおし

材料●チラシ１枚、かための紙１枚、つまようじ、わりばし

1　チラシ、つまようじ、わりばし、はさみ、セロハンテープ、かための紙、千枚どおしを用意します。

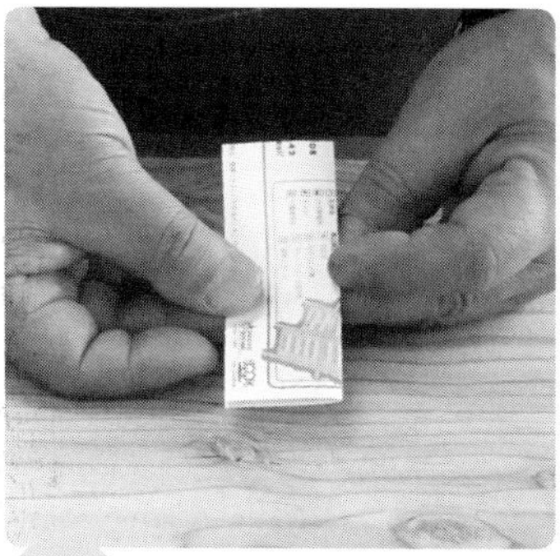

2　A４サイズのチラシを８分の１程度《ていど》に切った紙を１枚使います。

3　タテふたつ折りして、そのままヨコにふたつ折りします。

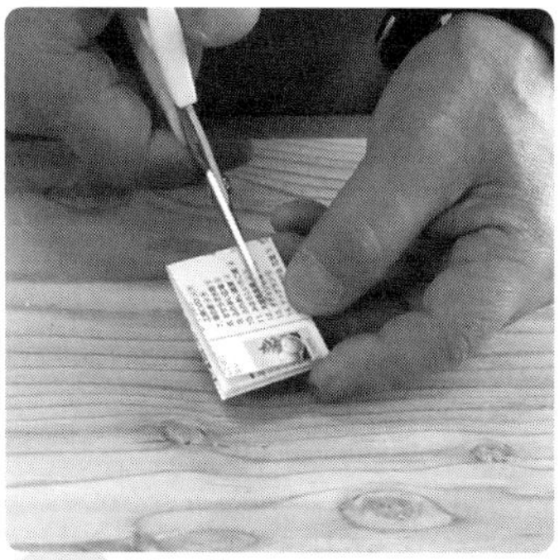

4　厚《あつ》み側《がわ》（開いていないほう）を持ってはさみで切りすすみます。

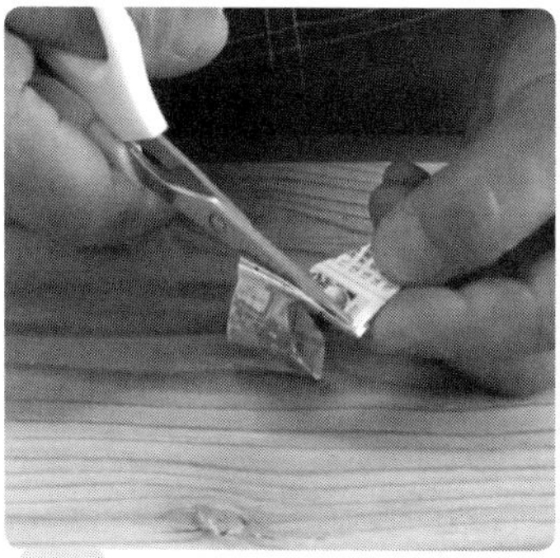

5　７のようなカーブを意識しながら、

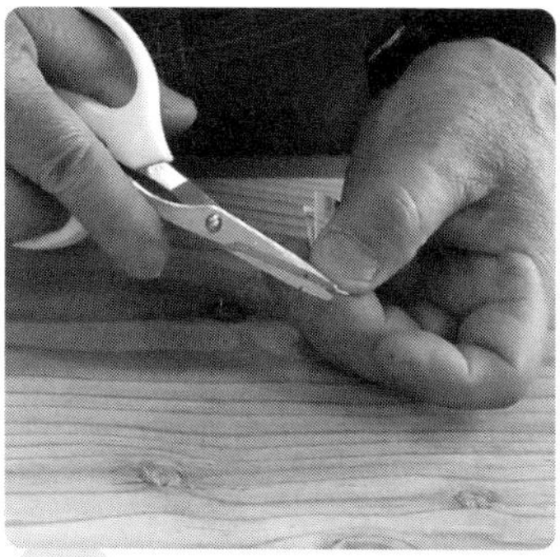

6　長さで５cm以内くらいでOKです。

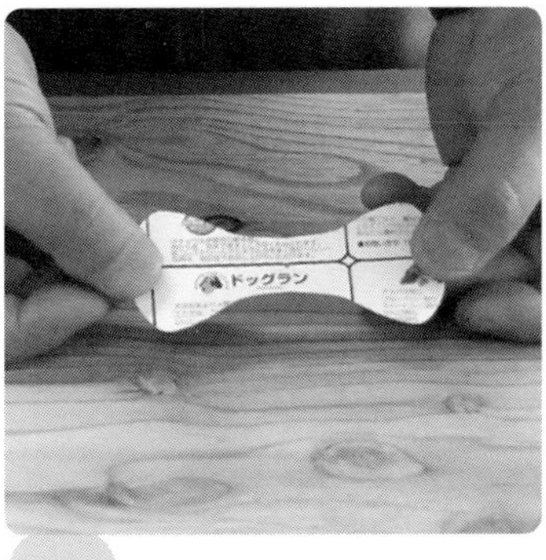

7 開くと、こうなります。

8 わりばしのはしが素直にわれると理想的です。

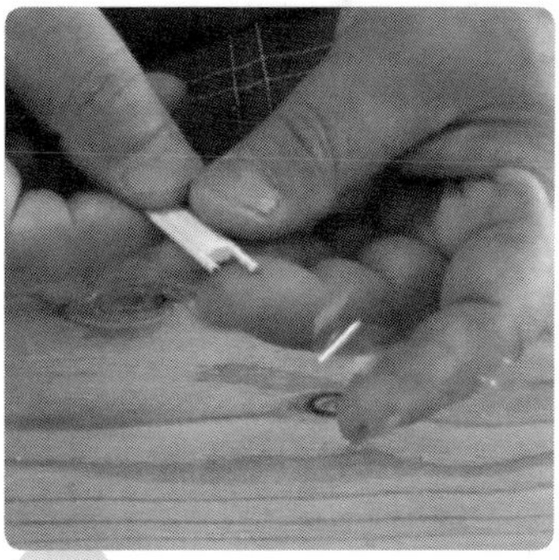

9 広いほうのはしにつまようじを７mmほど出して、はし側《がわ》をセロハンテープで止めます。

10 反対側も同様《どうよう》に止めます。

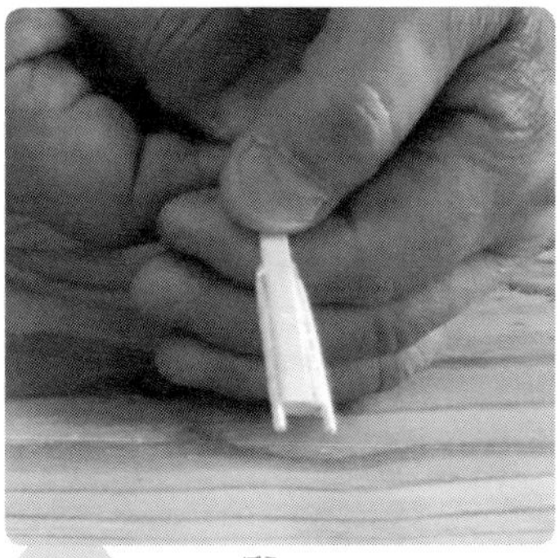

11 飛ばし棒《ぼう》の完成はこんな感じです。くびれているつまようじの頭は折ってとってしまいましょう。

12 羽の折り線の中心（交差点）をつまようじ（飛ばし棒の先端《せんたん》）のまん中に合わせて２点しるしをします。

13 空《あ》き箱《ばこ》など、少々かためめの紙を７のはばより少し広めに切ります。

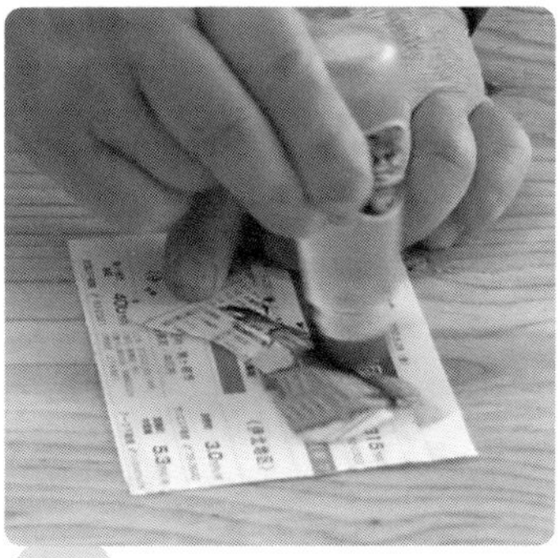

14 羽（７）にのりをつけます。

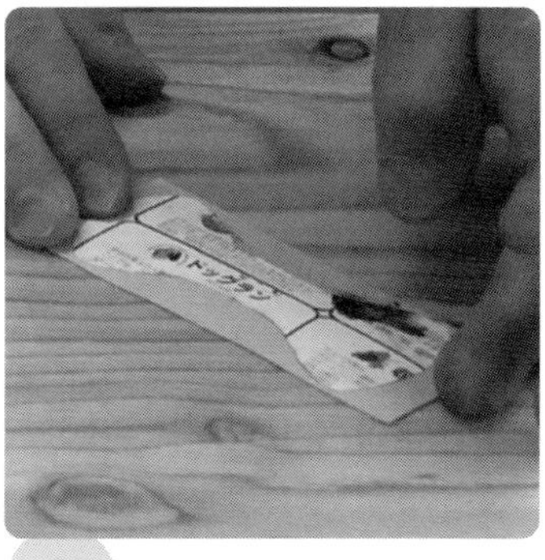

15 かためめの紙に全面はりつけます。

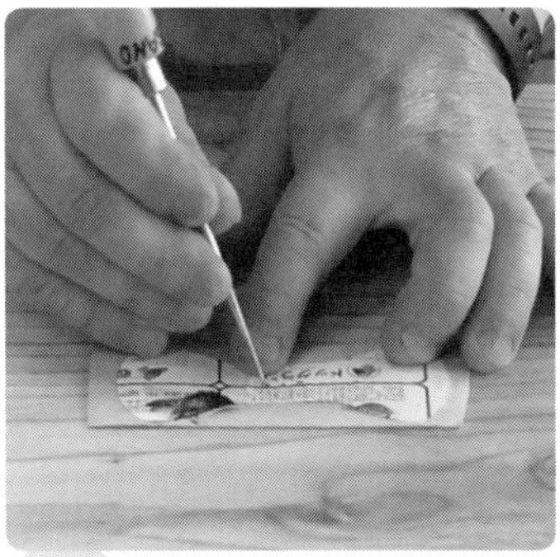

16 しるしをした２点に穴《あな》をあけます。

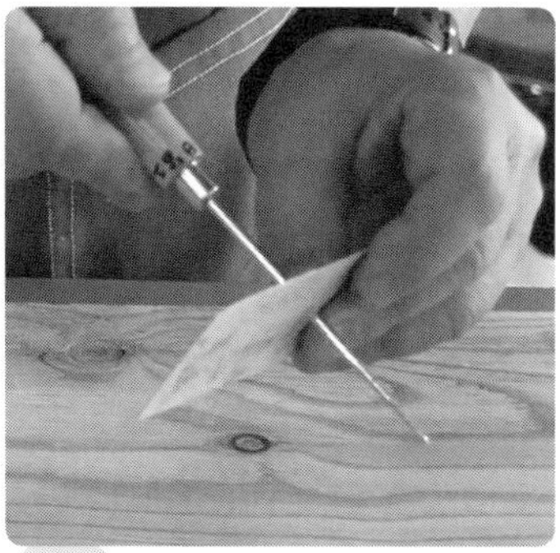

17 しっかり突《つ》き抜《ぬ》けさせます。

18 ２個の穴ができました。

19 はった７のふちに合わせて切っていきます。

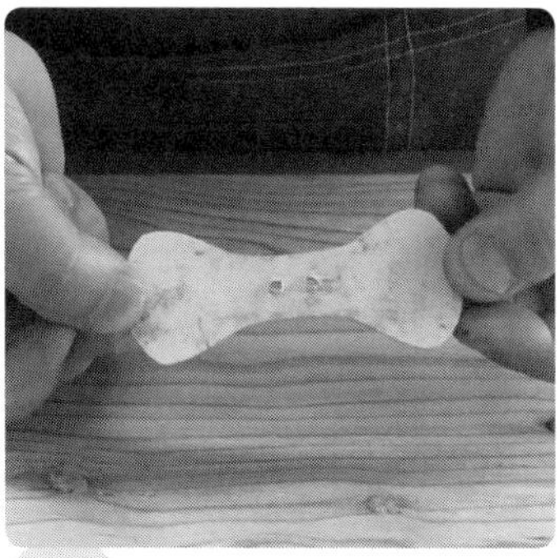

20 このようになりました。

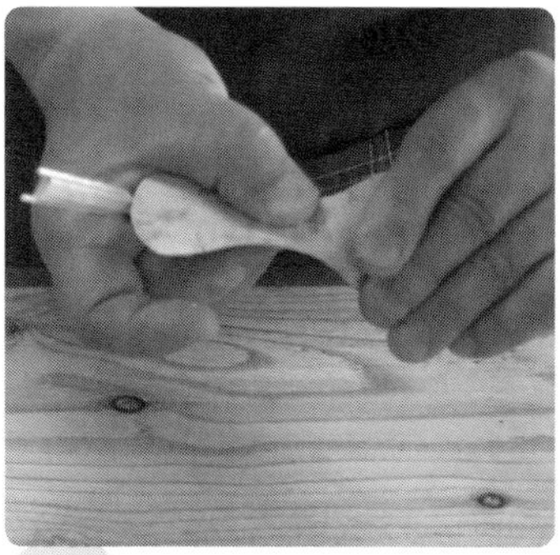

21 まん中を持って羽半分をひねります。

22 もう一方の羽もひねります。

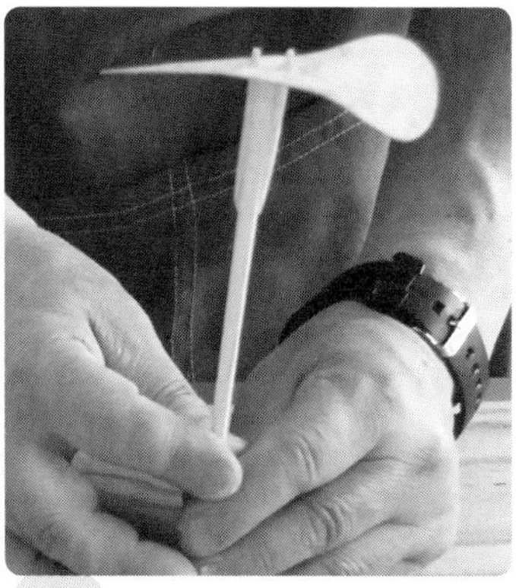

23 穴に飛ばし棒をさして完成。少しゆるめが理想です。飛ばしてみましょう。

表《おもて》も裏《うら》も君《きみ》次《し》第《だい》

板がえし

コックさんのつもりで、「あーら、よっと」。

用意するもの●ボールペン、はさみ、セロハンテープ

材料●わりばし４ぜん、輪ゴム、チラシ１枚

1　わりばしを４ぜん用意します。

2　まとめて並べておきます。

3　６対４くらいの位置にしるしをします。

4　１本のわりばしを、しるしをした位置より少し長めに合わせて、はさみを当てます。

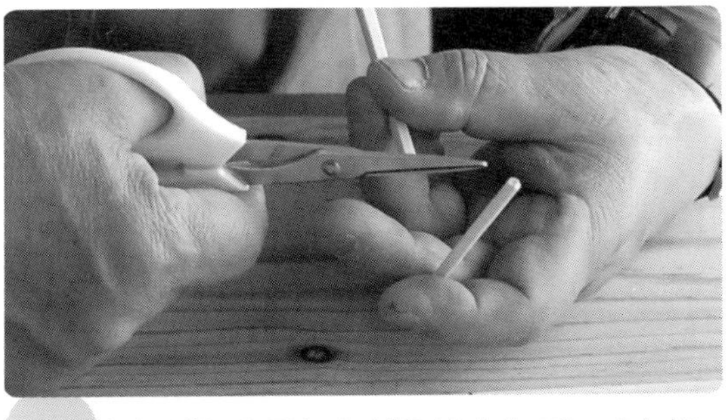

5　わりばしを回しながらはさんでいくと切れます。

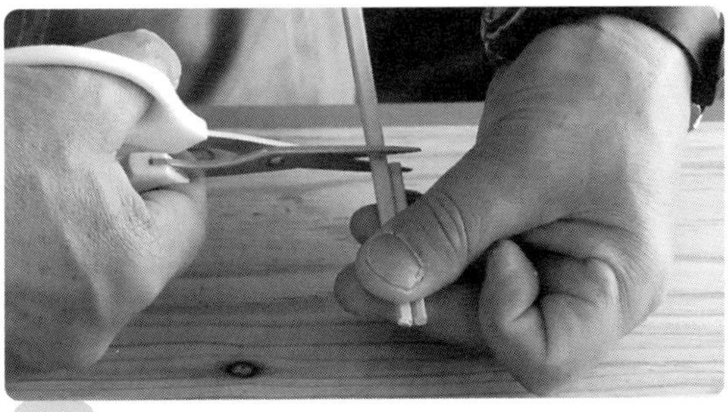

6　同じ長さでもう１本はさみを当てます。

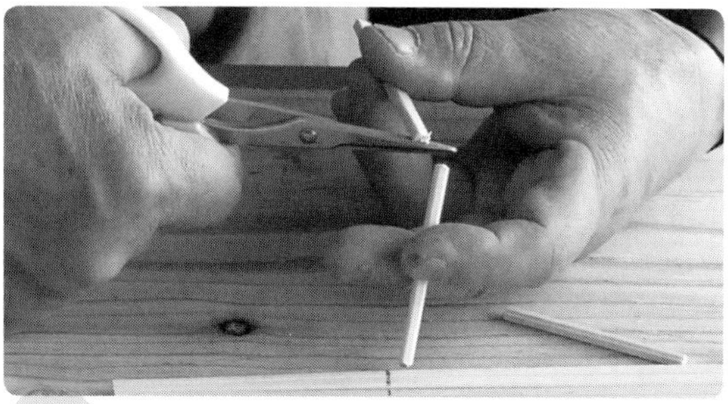

7 回していきながら切り落とします。

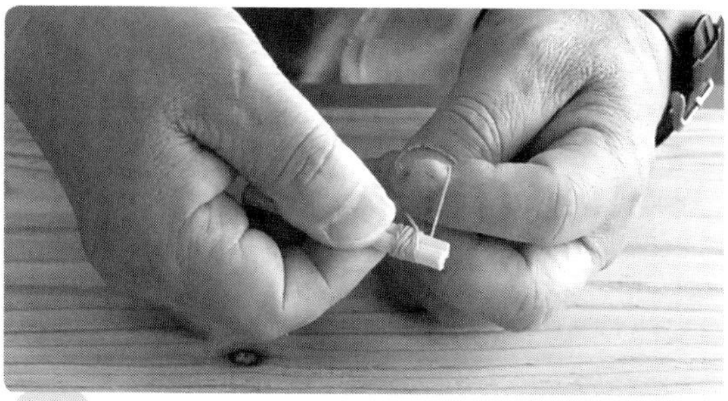

8 片側《がわ》のはしに輪ゴムをきつく巻《ま》きます。

9 ゴムをつけていないほうを開いて、わりばし全部をはさみます。

10 そこを輪ゴムで止めます。

11 平らになっているわりばしの先のほうを輪ゴムで止めます。

12 先端《せんたん》のゴムで止めたところのはば（4ぜん分）くらいの長さでしるしをします。

13 そこを切ります。

14 2本目も同じです。

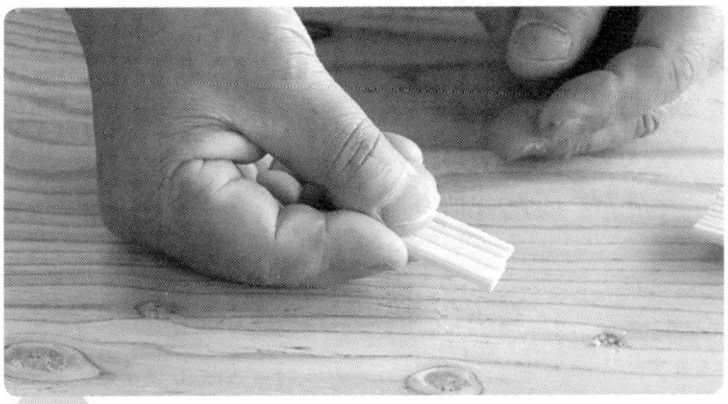

15 3本目も同じです。

16 4本まとめて輪ゴムで止めます。

17 先端にのせてみます。

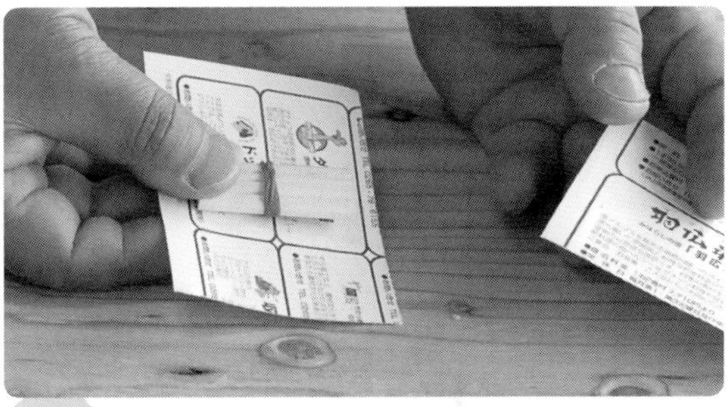

18 チラシを2枚に切ります。16のまとめたかたまりを、1枚のチラシの中央にのせます。

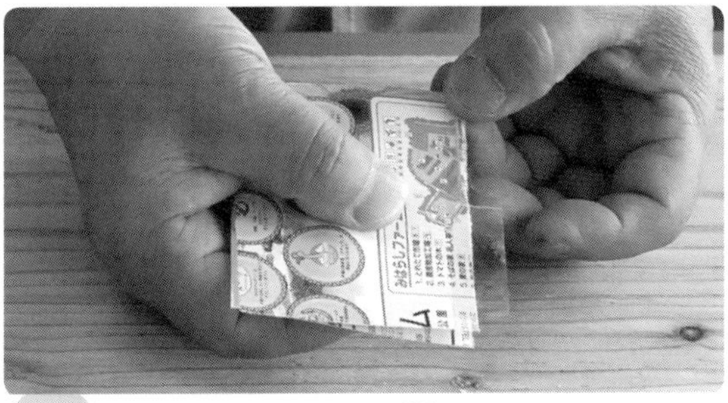

19 もう1枚のチラシで包《つつ》みこみ、まわりをセロハンテープで止めます。

20 そのかたまりのまま、「あーらよっと、うらおもて！」。

意外にハマるよ

わりばしでっぽう

昔はだれもがつくりました。
おすすめ提案《ていあん》が何カ所もあるので、ちょっといけるよ。

用意するもの●はさみ、ボールペン

材料●わりばし3ぜん、輪ゴム10本

1 使用前のわりばし3ぜんと、輪ゴム10本ほどを用意します。

2 わりばしをわります。片側《かたがわ》の先端《せんたん》が左右で極端《きょくたん》に不規則《ふきそく》にわれたものが1本は必要です（輪ゴム引っかけ用の先端用）。

3 素直にわれるものがほとんどですが、とにかく3ぜんわるうちに先端用が1本できればいいです。

4 比較的《ひかくてき》素直にわれたもの2本をそろえて並べ、長さのまん中あたりにしるしをします。

5 片方だけ反対にしてまたそろえてみます。先ほどのしるしのまん中がほぼ中心ですから、多少ずれている時はそこにしるしをします。

6 そこにはさみなどを回しながらキズをつけて切ります。

7 2分の1の1本を今度は目測《もくそく》で、そのまた2分の1にします。

8 さらにまた2分の1で切ります。

9 はしにでっぱりのあるところを開放《かいほう》部《ぶ》にして、ほかのものを両わきから2分の1ずらしてはさみます。

10 いちばん短いものを3本のはしに当て、輪ゴムでしっかり巻《ま》きつけます。

11 もう一方の３本も同様《どうよう》です。

12 こんな感じに固定されます。

13 ２分の１の長さのものを２本合わせ、まん中まで輪ゴムを入れます。

14 十文字になるように、あちこちと巻きつけていきます。

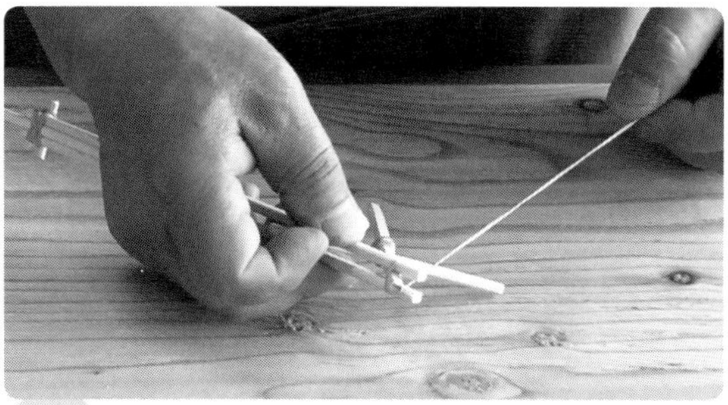

15 輪ゴムかけ部の先端から、いちばん後ろのはしに×印になるように、はしを輪ゴムで止めます。

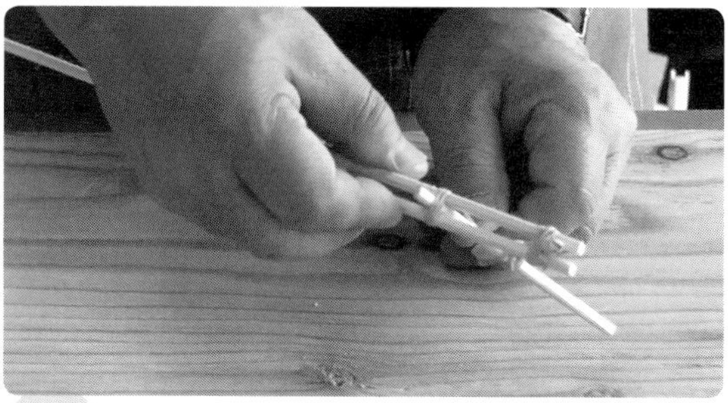

16 もう１カ所もしっかり止めます。

17 こんな感じに止まればOKです。

18 引き金をさしこみます。

19 輪ゴムを下からかけて、同じところだけを巻ききってください。

20 実際《じっさい》の時、玉の輪ゴムがここにかかるので、ゴムとゴムが接触《せっしょく》しないようにするわけです。

21 このようになります。

22 先端のみぞに輪ゴムをかけ、そのまま引き金まで引っぱりかけます。

23 引き金を引けば、輪ゴム玉が飛《と》びます。

丸《まる》くおさまる

輪《わ》なげ

タワーに向かってなげながら、うまくはまれば気分も爽快《そうかい》！

用意するもの●セロハンテープ

材料●チラシ３枚

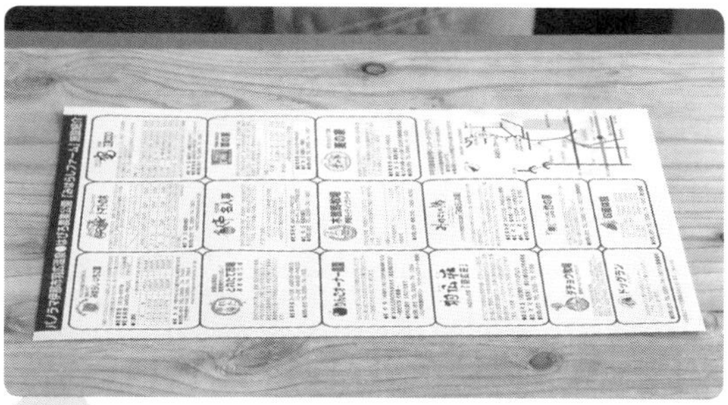

1 チラシ３枚とセロハンテープを用意します。

2 １枚目をふたつ折りします。

3 もどしてさらにその半分のはばに折ります。

4 さらにその半分のはばに折ります。

5 その細いはばのまま、全部を巻《ま》き折りしてしまいます。

6 はしとはしを合わせて、丸く輪にします。

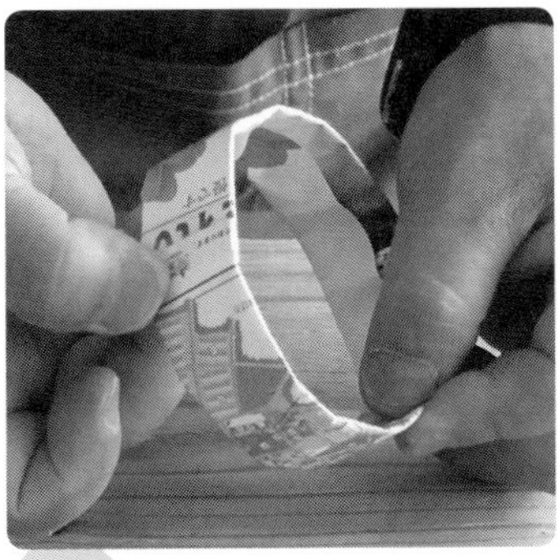

7 そこをセロハンテープで止めます。

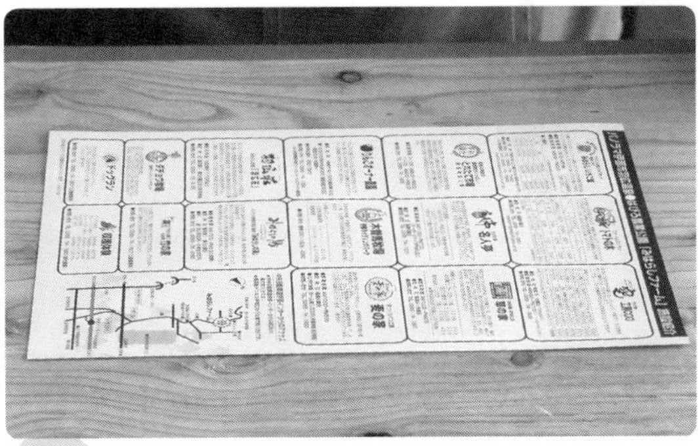

8 もう１枚を用意します。

9 １枚目と同じように巻き折りしていきます。

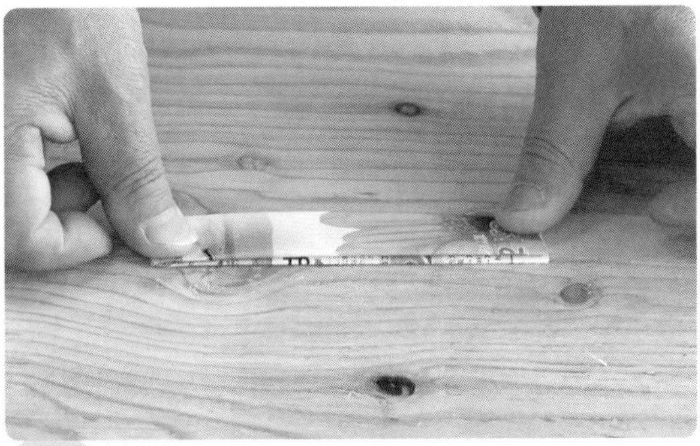

10 巻き終わったものをふたつに折り重ねます。

11 半分のうちのまた半分ほどを折り返します。

12 反対側《がわ》も同様《どうよう》にします。

13 まん中に１ｃｍほど間隔《かんかく》をあけ、折り返し部分をセロハンテープで下の紙にはりつけます。

14 両方とも止まるとタワー状の的《まと》になります。

15 ７の輪を持って的に向かってエーイ！

16 入りました。

17 輪なげ成功！

お上品《じょうひん》に吹《ふ》くだけで

カミノたおし

次から次と倒《たお》れていくドミノの紙バージョンです。

用意するもの●なし

材料●チラシ多数

1 数枚（何枚でもOK）のチラシを用意します。

2 長さ方向で半折りします。

3 倒れるぎりぎりくらいまでもどして立てます。

4 ドミノになるように次々に並《なら》べて、いちばん手前を息で吹くと、倒れます。

にぎってみよう

ペーパーお手玉

紙のかたまりがりっぱなお手玉に……。

用意するもの●なし

材料●チラシ３枚

1 チラシをクシャクシャににぎりつぶし、玉にします。

2 とりあえず３個、玉をつくります。

3 まずは２個でお手玉です。

4 次にもう１個追加で、

5 ３個です。お手玉、できますか？

ケン玉のお友だち

ロール芯《しん》玉

トイレットロールの芯で楽しむけん玉です。

用意するもの●はさみ

材料●トイレットロールの芯、チラシ１枚

1 チラシとロール芯を用意します。

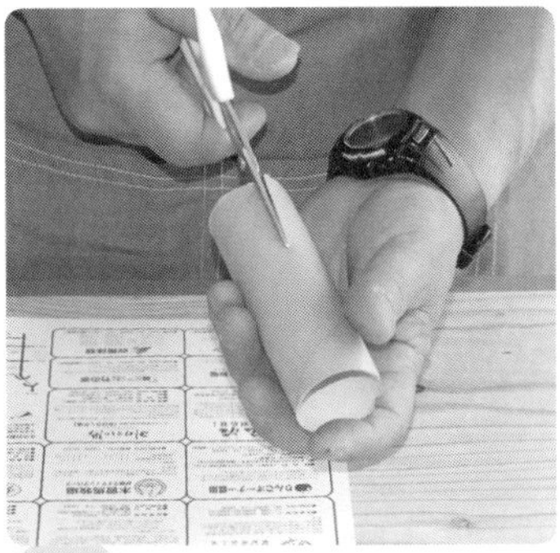

2 ロール芯を長さ３分の１くらいまで、はさみで切りこみを入れます。

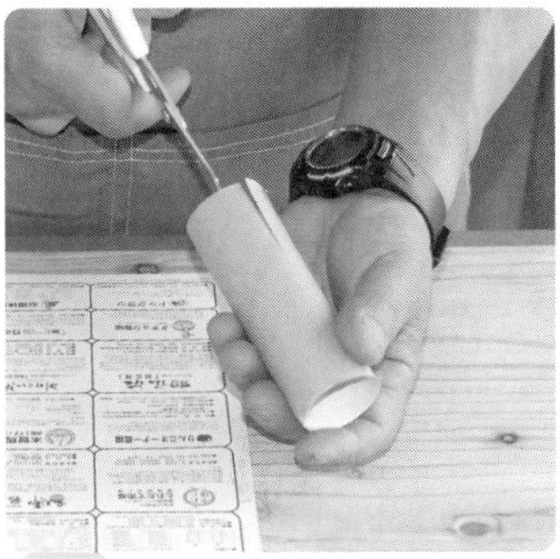

3 ロールを回しながら、切りこみを適当に数カ所入れます。

4 ここでは８カ所、切りこんでみました。そこを開きます。

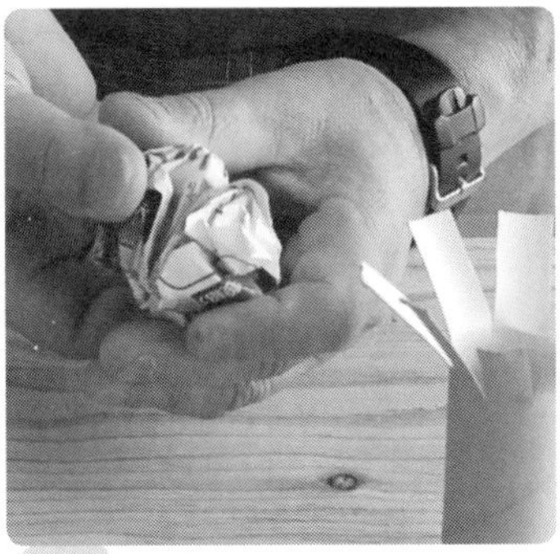

5 チラシをにぎり、ボールにします。

6 玉を投げあげ、ロール芯の受けざらでナイスキャッチ！

切りこんでない
反対側《がわ》でも受けとれれば、
さらにOK！
上級編です。

ケン玉のお友だちがいっぱい

ロールもしかめ

ケン玉の「もしかめ」と同じです。

「ロール芯玉」と
「ロールもしかめ」の違いは、
反対側にも受けざらがあるか
ないか、です。

用意するもの●はさみ

材料●トイレットロールの芯、チラシ１枚

1 両方のこぐちを切り開き、受けざらにします。

2 チラシをにぎり、玉にします。

3 玉を投げあげ、まずキャッチ！

4 手首を返しながら、反対側の受けざらとを行ったりきたりします。

受けざらに紙などを
はれば、さらが少しじょうぶに
なりますが、ここまで
やらなくてもOKです。

わずか数秒《びょう》でできちゃう

2人でナイスキャッチ

１人でもたのしいあそびですが、２人で「セーノ！」といってボールを投げ合うともっとたのしい。グラブを２つつなげると「ペーパーもしかめ」になります。

用意するもの●なし

材料●チラシ２枚

1　チラシを２枚用意します。

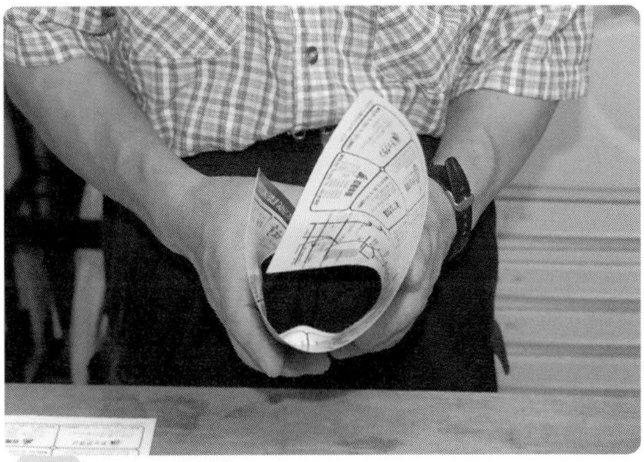

2　１枚を円筒《えんとう》形にします。

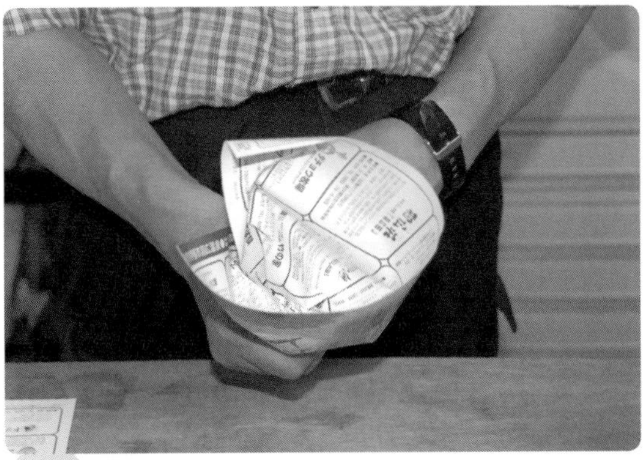

3　はしをギュッとにぎります。グラブができました。

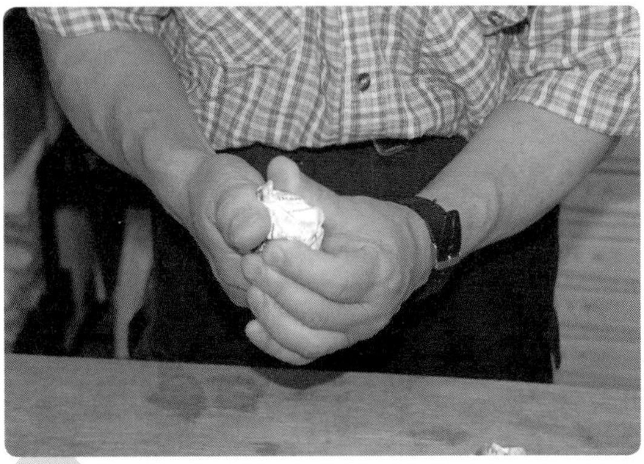

4　もう１枚の紙をにぎり、小さな球にします。

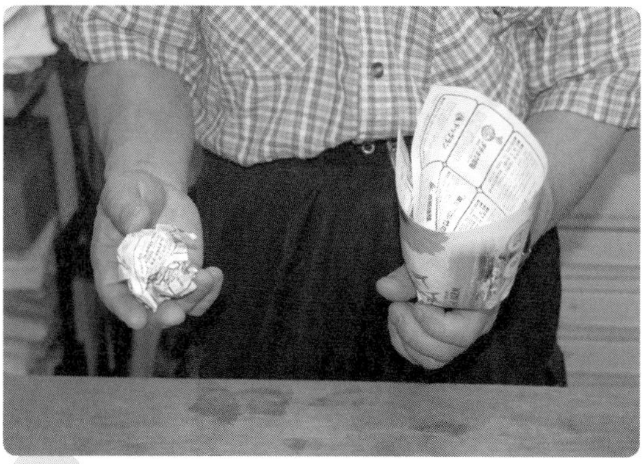

5 片手にグラブ、もう片手に球を持ちます。球を投げあげて……。

6 ハイ、うまくキャッチできました。

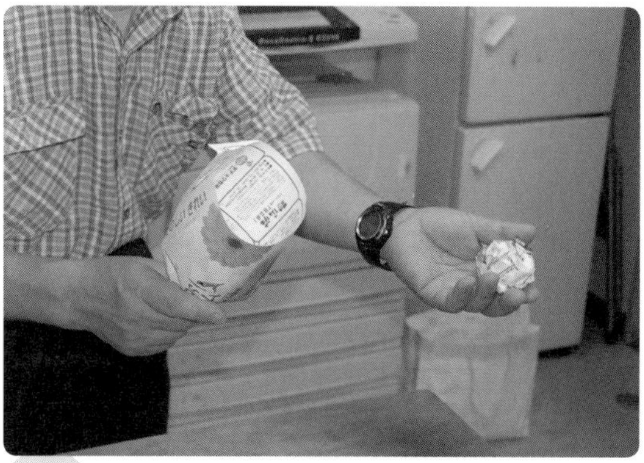

7 同じものをもう一組つくると、2人で遊べます。おたがいに球を投げ合ってキャッチします。

相手がキャッチ
しやすいところに
投げましょう。

ナイスキャッチのバリエーション

ペーパーもしかめ

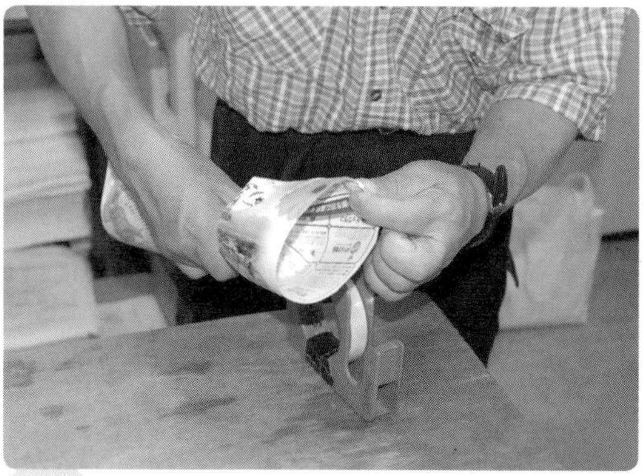

1 3をふたつつくります。はしをセロハンテープで止めてもよいでしょう。

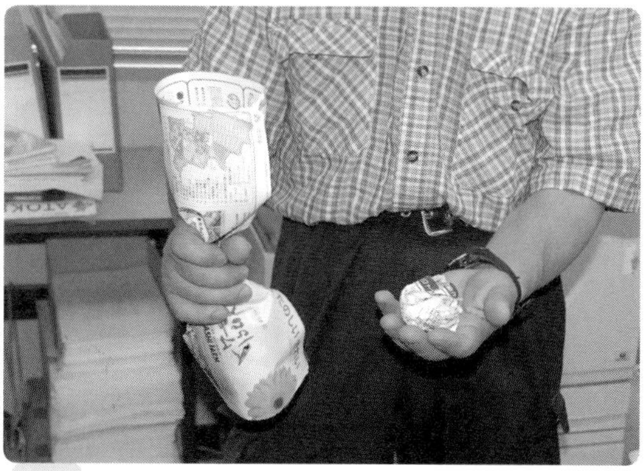

2 写真のように持ち、けん玉のもしかめの要領《ようりょう》であそびます。うまくできるかな？

「竹の家　工房COO（空）」は
ココです

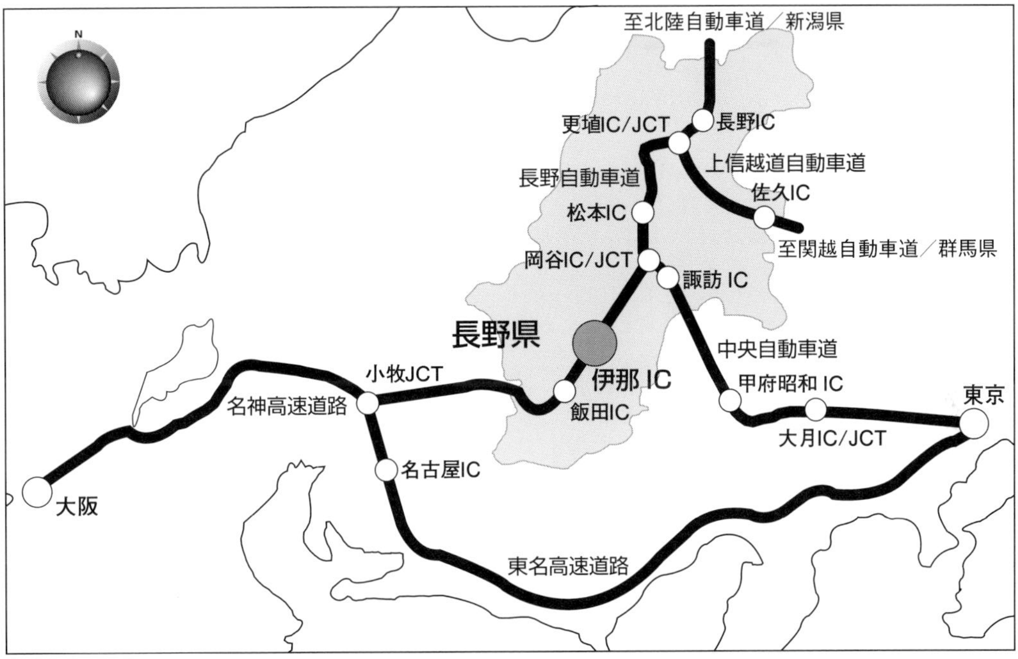

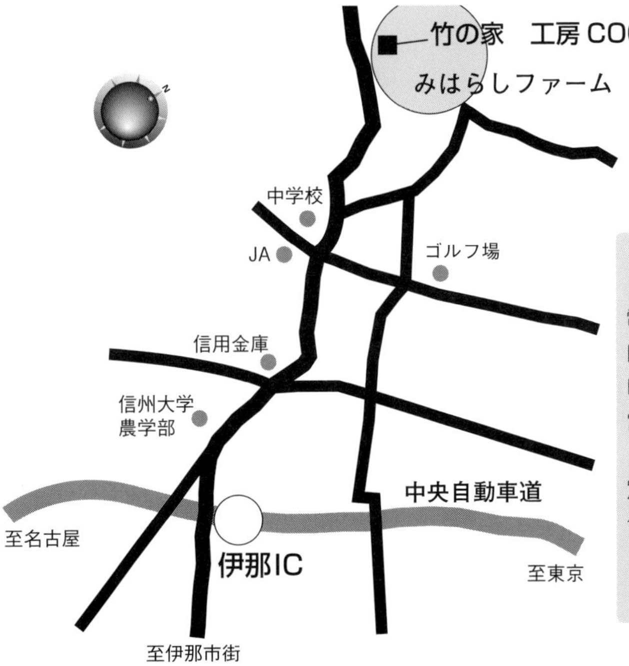

〒399-4501　長野県伊那市西箕輪3415
はびろ農業公園みはらしファーム内
電話　0265-74-1835
FAX　0265-74-1836
E-mail　asobinogenten@ina.janis.or.jp
営業時間　9:00～19:00
（11～2月は18:00まで）
定休日　毎週月・水曜日
予約●団体以外は不要、随時受け付け。

＊伊那ICを降りて右折、車で5分。

カキーンと鳴《な》らない

ロール芯《しん》ボウリング

そよそよと倒《たお》れる時もありますが、
それはそれでヨイヨイヨイ。

用意するもの●なし

材料●トイレットロールの芯10個、いろいろな大きさのボール

1 ロール芯を10個ほど用意します。ボウリングのボールの替わりになるようなボールも準備してください。

2 手前から1、2、3、4個と並《なら》べてスタンバイ。

3 ボールをころがします。1本たおれました。

4 ほかのボールも使い、ころがします。

5 本物のボウリングのようなピンアクションはありませんが、OKでしょう。

思い出も入るよ

ペン立て

いろんなアレンジが楽しめるので、入るものなら
なんでも入れよう。

用意するもの●のり

材料●チラシ１枚

1 チラシを１枚用意します。

2 正方形にするために、まず角と辺を合わせて折ります。

3 残っている部分を折り返し、指先でしっかりアイロンがけをします。

4 折りすじで切り離《はな》します。

5 正方形になったら対角線《たいかくせん》に折ります。

6 開いて裏《うら》返し、折りすじの山どうしを背中《せなか》合わせに折ります。

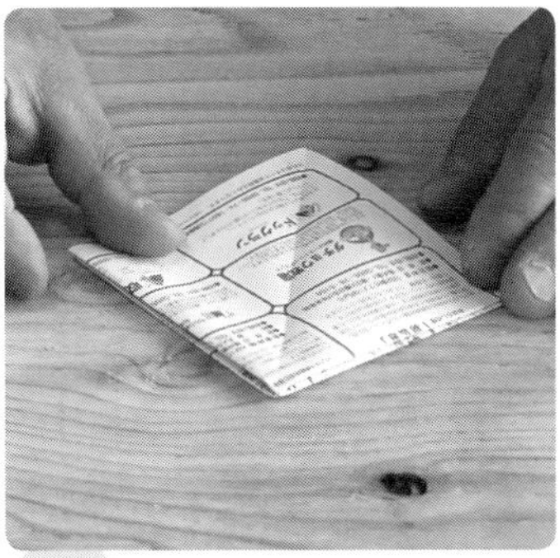

7 四角形になるようにつぶします。

8 ピラピラしている部分を半分だけ切り開きます。

9 裏側《うらがわ》も半分だけ折り、開きます。

10 半分折り返した面が内側になるように、全体を折り合わせます。

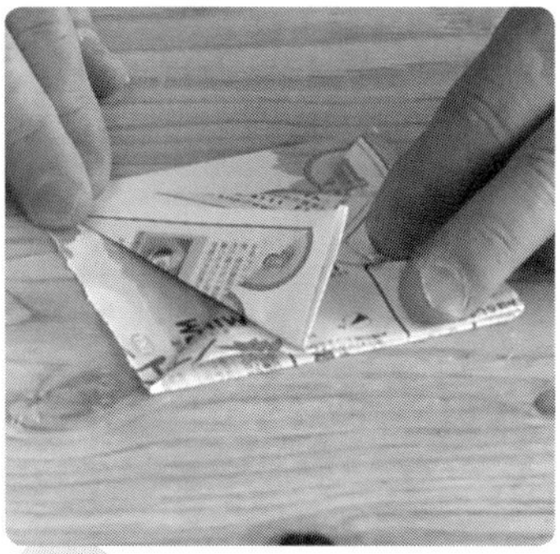

11 開くところのはしから、中心の折り線に向かって折ります。

12 反対側も同様《どうよう》に折ります。

13 裏側も同様に折ります。

14 さらにもうひと折りすると先端《せんたん》が細い状態になります。

15 先端の折れる部分を三角お山に向かって折り曲げます。細い先が山の頂《ちょう》上《じょう》とピッタリになります。

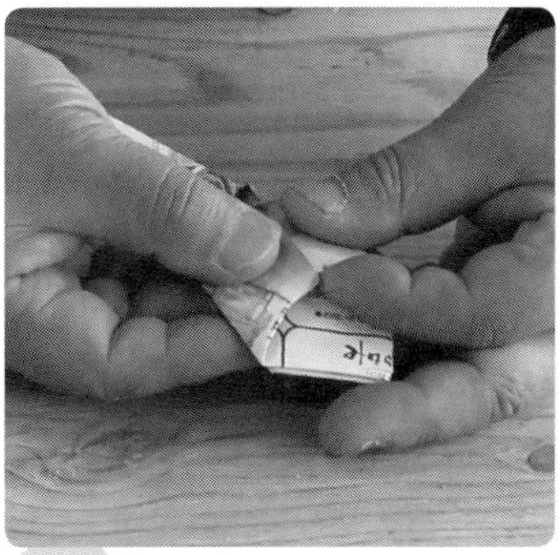

16 三角お山の袋《ふくろ》部分に、先端を折り返すように入れこみます。

17 反対も同様です。

18 入れこみます。

19 指を入れながら、少しずつふくらまします。

20 回しながら、4方向とも底《そこ》になる部分のふちに折りすじをつけます。

21 はばの広いほうを底にして立てれば完成。ヒラヒラの三角部分はのりではってもOK。

アレンジ例

22 たくさんつくって、いろいろなものを入れてみよう。

まと入れ遊びにも使えるよ。

チラシをにぎった紙玉などを投げ入れ、まと入れ遊びとして楽しめます。

積《つ》み木にゃ悪いが

積《つ》み紙《し》

木と違《ちが》ったやわらかさを味わえるのがいいでしょう。

用意するもの●セロハンテープ

材料●チラシ数枚、トイレットロールの芯《しん》数個

1 チラシ数枚、ロール芯数個を用意します。

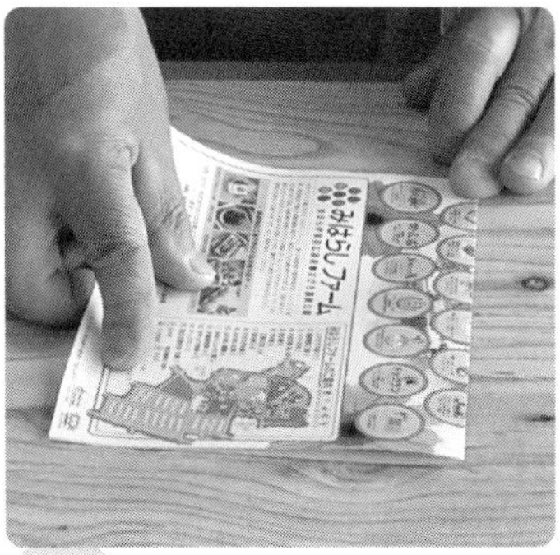

2 長いほうでふたつ折りします。

3 開いたら中心の折り線に向かって、はしをもうひと折りします。

4 反対からも中心に折ります。

5 折りすじは指先アイロンでしっかりつけます。

6 セロハンテープで止めて、四角柱にして立てます。

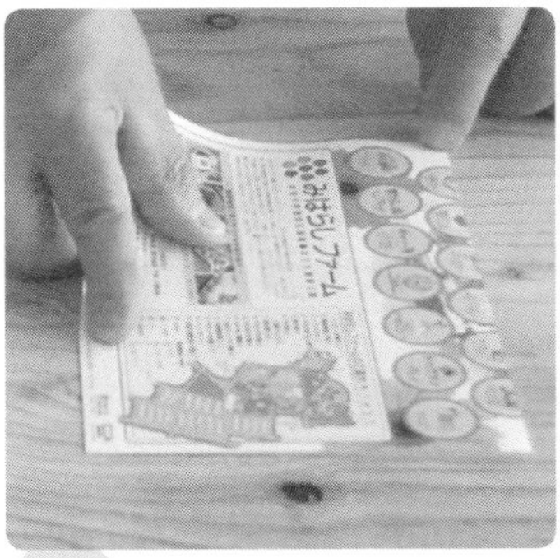

7 次の紙をふたつ折りにします。

8 四角柱の上に、7のふたつ折りした紙をのせます。

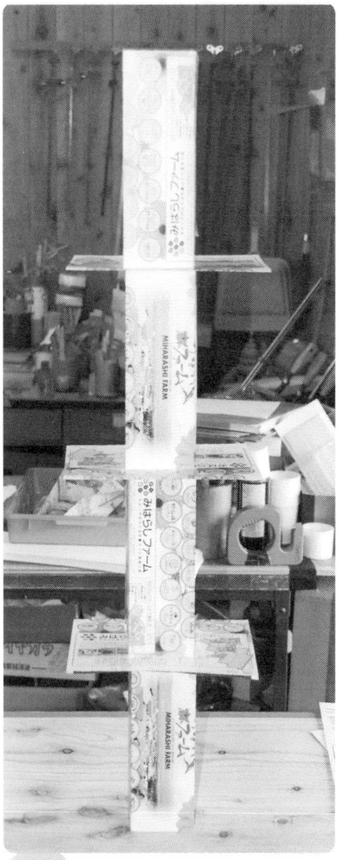

9 それをくり返すと、こんな塔《とう》ができます。

10 こんな積み方もOK。

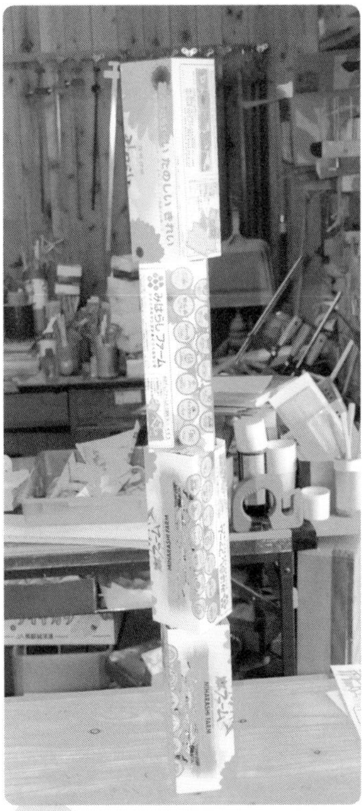

11 積み方はいろいろです。

もっともっと
アレンジしてみて
ください。

風の流れに身をまかせ

風車《かざぐるま》

手を動かすとクルクル回ります。

用意するもの●はさみ、コンパス、ボールペン

材料●手のひらサイズの紙１枚、つまようじ１本、ストロー１本

1 手のひらサイズの紙１枚とつまようじ、ストローを用意します。

2 正方形を作るためにひと折りします。

3 はみ出した部分ははさみで切り落とします。小さな四角になります。

4 対角線に２回折ります（十印の折り線）。

5 そのままの面でヨコにも２回折ります（田の字の折り線）。

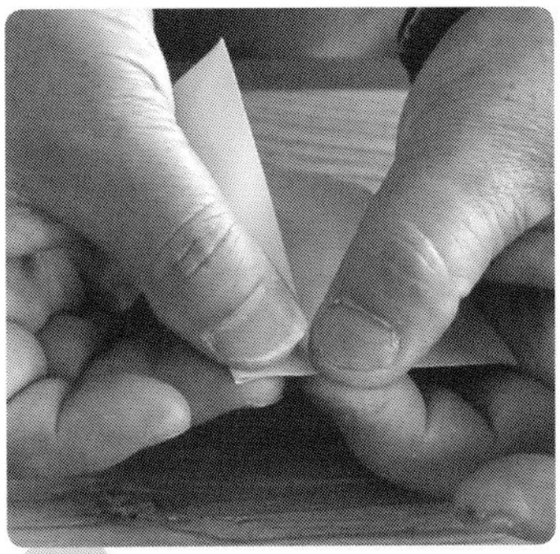

6 中心を合わせながら田の字と十印の折り線を合わせて、別の折り線をつくります。

7 このようにすでに折った線に合わせながら、ズレないようにして次の線を折ります。

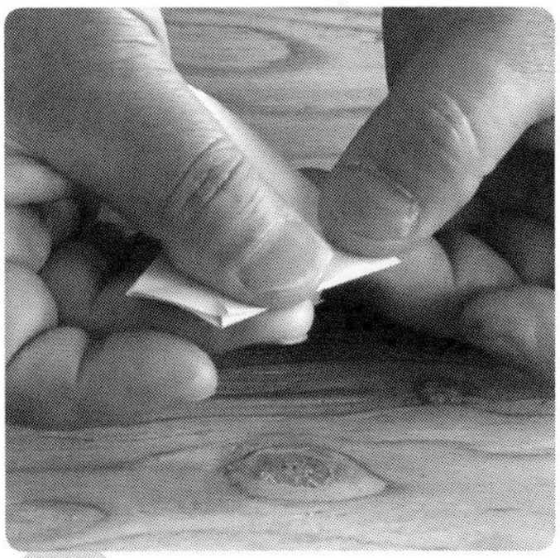

8 くり返します。

9 同様《どうよう》に。

10 同様に。

11 コンパスなどで円をえがきます。

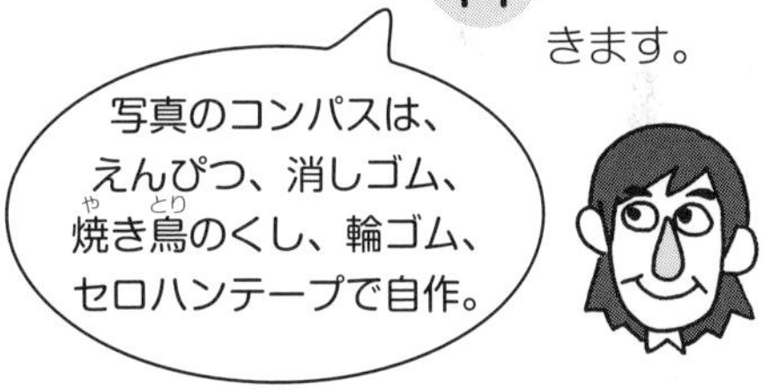
写真のコンパスは、
えんぴつ、消しゴム、
焼《や》き鳥《とり》のくし、輪ゴム、
セロハンテープで自作。

12 円に切り抜《ぬ》きます。

13 続けます。

14 切り抜いた円のまわりを各折り線に、１cmほど中心に向かってはさみを入れます。

15 切りこみ部分をすこしずつ折り起こします。

16 中心にしるしをします。

17 ストローにはさみでほんの少し、切りこみを入れます。

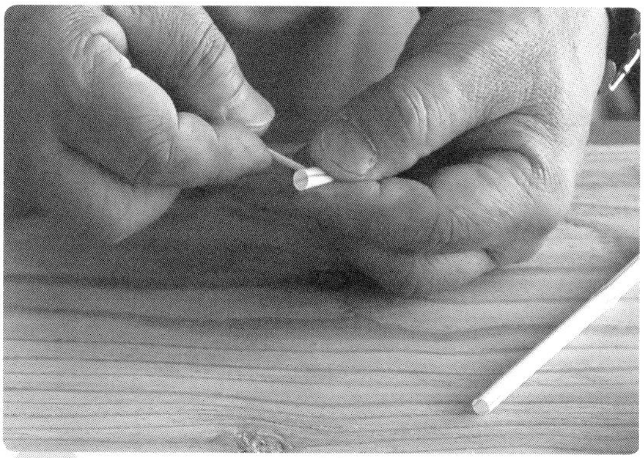

18 つまようじなどで穴《あな》をキチンとします。

19 つまようじの長さの少し短いところで、

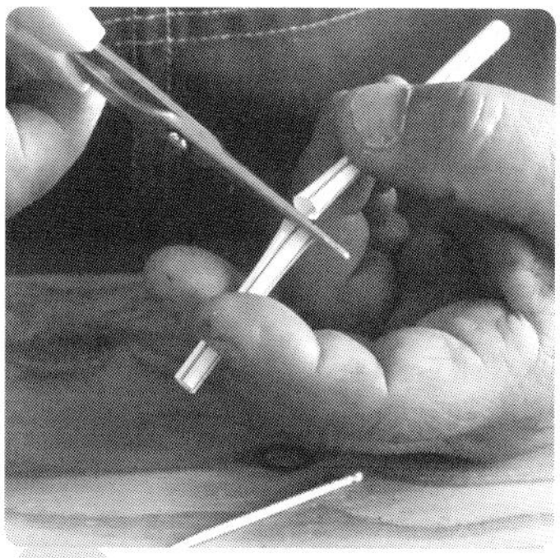

20 ストローを切ります。

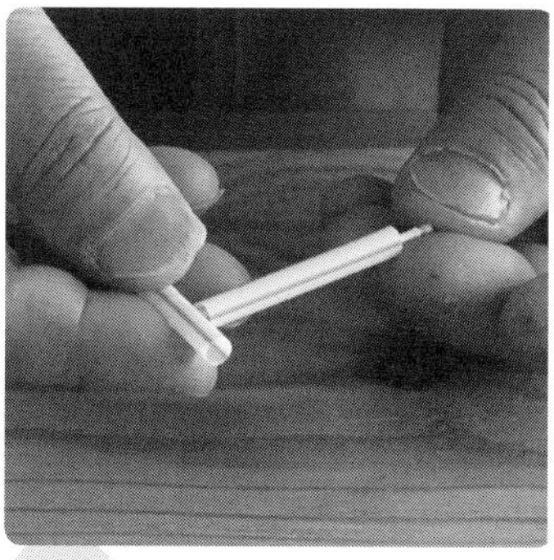

21 つまようじをさしこみます。

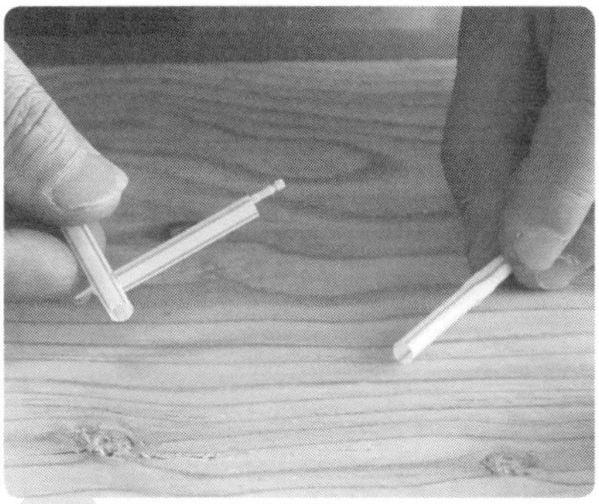

22 ストローを短めに切ったものを、もう1本用意します。

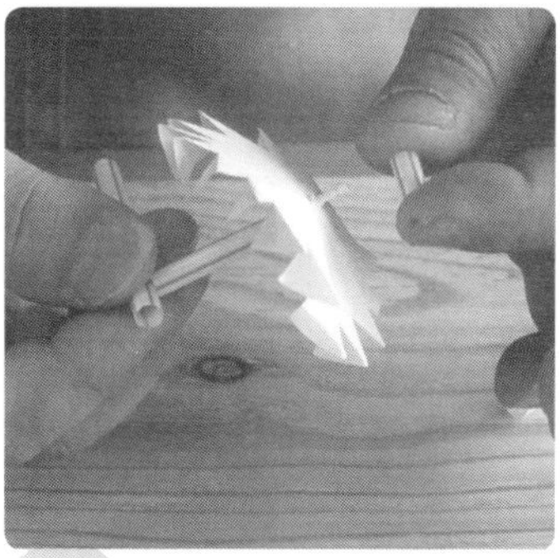

23 風車を入れこんで短いストロー（止め用）をさします。

風車は小さいほうが回りやすいです。
こんな棒《ぼう》の先につけてみるのもいいですよ。

マジシャンみたいな

折りかえ万《まん》華《げ》鏡《きょう》

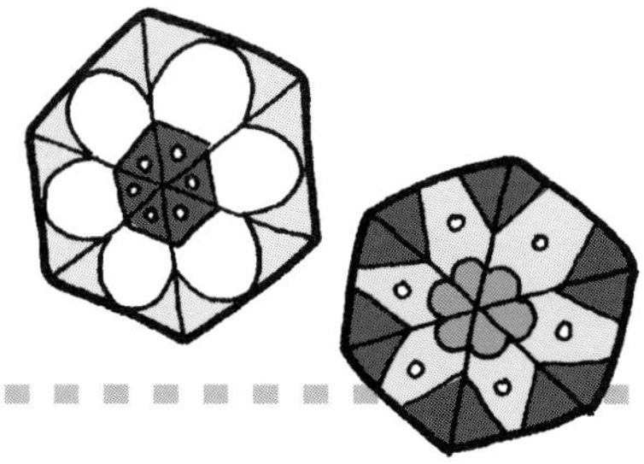

やればやるほど、ハマります。

用意するもの●のり

材料●カレンダーのような大きめの紙１枚

1 カレンダーのような大きめサイズが理想です。

2 長さ52cm、はば８cmくらいです。

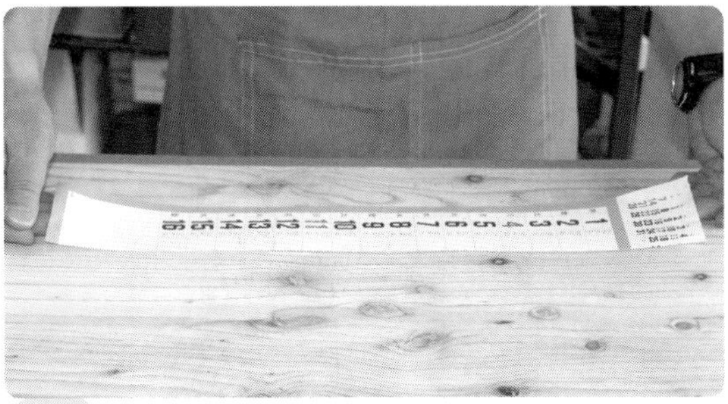

3 切り離《はな》します。

4 はしのほうを10cmほどまふたつに折り、すじをつけます。

5 その折りすじに、ひとつの角を合わせるように折ります。

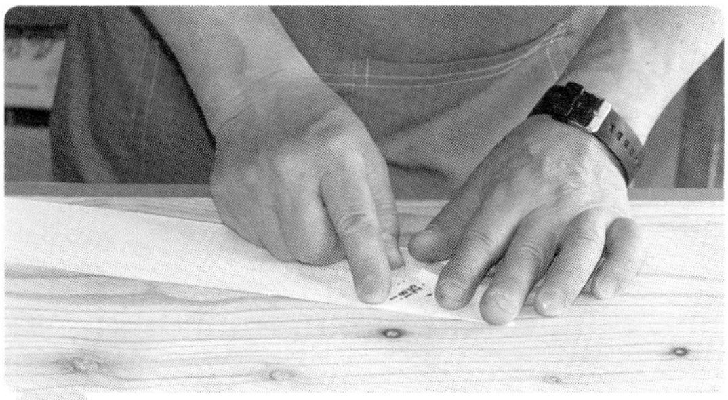

6 そこにできた三角形に合わせながら、裏《うら》表《おもて》と折り返していきます。

7 三角形が増えていきます。

8 10個の三角ができるまで折ります。

9 先の直角三角形と、残りの部分を切り離《はな》します。

10 三角形３個でできるおわんの形からスタートして、４個目を折りかぶせます。

11 その４個目が右はしになり、またおわんの形にします。

12 同様《どうよう》に折り返していきます。

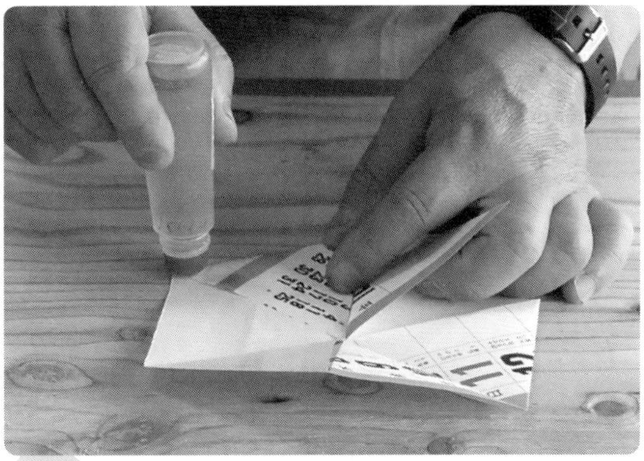

13 10個目の表と１個目の裏をのりではります。

14 形の完成です。

15 模様《もよう》をえがいて楽しみます（ここからは特別な紙を使っています）。

16 裏側《がわ》です。

17 袋《ふくろ》のようにすきまのあるところを、3方向から山折りにします。

18 山折りに指《ゆび》を少しかけながら広げます。

19 中にあった面が表にきます。

20 裏も変わりました。

21 同様《どうよう》に３方向から山折りを続けます。

22 山折りの中に指を入れて広げます。

23 こうなります。

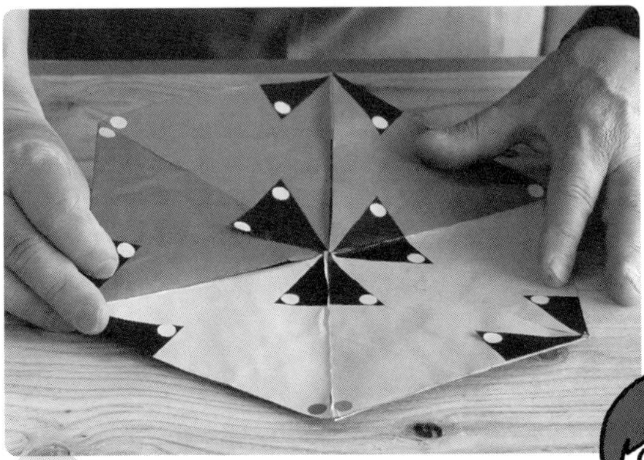

24 裏もこうなりました。

ぶっそうだけど紙だから

十《じゅう》文《もん》字《じ》手《しゅ》裏《り》剣《けん》

あくまで広い所でゆったりやろうね。

用意するもの●はさみ、ホチキス

材料●段《だん》ボール１枚

1 段ボールを用意します。

2 はば25 ～ 30mm、長さ20cm前後に切ります。

3 同じ寸法でもう1枚作るので、しるしをつけます。

4 そのしるしで切ります。

5 中心に直角に十文字に合わせます。

6 ４方向からホチキスで止めます。

7 止めた後の針《はり》のはしなどを、かたいものでしっかりおさえます。

おもちゃ博士の工房だより

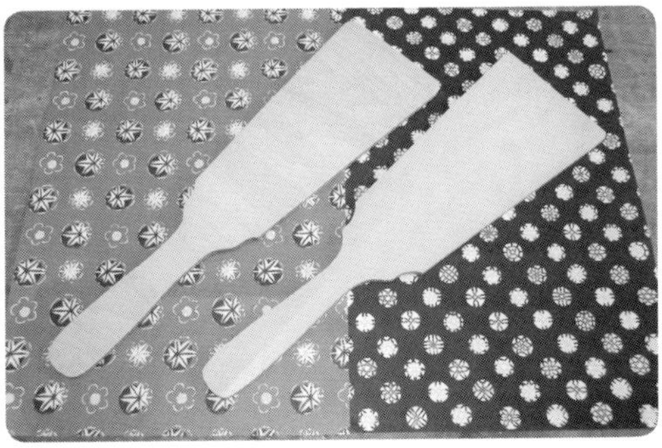

羽子板

「竹の家　工房COO（空）」の体験教室①

工房では、次のような体験教室を用意しております。

紙工作（インテリアから飛行機まで）、羽子板（木板やデザイン加工板に絵描きします）、記念絵はがき（板はがきに絵を描きます）、ガリガリトンボ（92ページで「ペーパーガリガリ」を紹介しましたが、ここでは本格的に竹を使います）、こま（本書で紹介した折り紙ごまから、木をナイフで削る「かぶごま」まで）、たこ（カイト）（本書で紹介した「ダイヤカイト」〈44ページ〉から「ぐにゃぐにゃだこ」まで）。

工房の場所などは71ページをご覧《らん》ください。

元気だからこそ

ひっくりカエルちゃん

ピョンピョン飛《と》びはねるのでいろんなことができますよ。

用意するもの●マジックインキ

材料●正方形のチラシ１枚

1 チラシを正方形に切ります。

2 ふたつ折りします。

3 そのまま片方のはしを、ふちと辺に合わせて折ります。

4 もどして反対側《がわ》（×印の折り線）を同様《どうよう》に折ります。

5 もどして裏《うら》返したら、×印の折り線の中心で折り返します。

6 もどして三角にたたみます。

7 反対側の長いほうから三角の辺までふたつ折りします。

8 三角を半分中央まで立てて、その側を中心まで通して折ります。

9 反対側も同様に半分折ります。

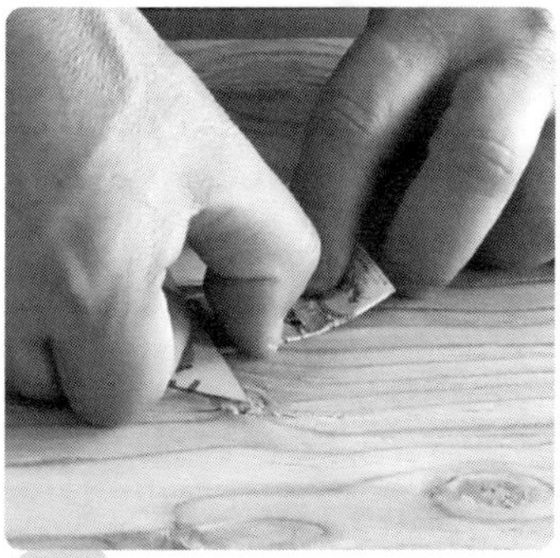

10 細くなった中心のあたりを、さらに三角の辺の位置まで折り返します（厚《あつ》くなっています）。

11 折り目をしっかり指《ゆび》先で押《お》さえます。

12 開きながら片方を三角の辺に合わせて折ります。

13 反対側も同様に折ります。

14 今、折った部分を直角方向に折り返します。

15 となりも同様にします。

16 三角のほうを45度くらいの角度に折り返します（両方）。前足です。

17 後ろ足のほうも同様に折ります。

18 放射状《ほうしゃじょう》になっている中心を境目《さかいめ》に、ふたつ折りします（腰《こし》）。

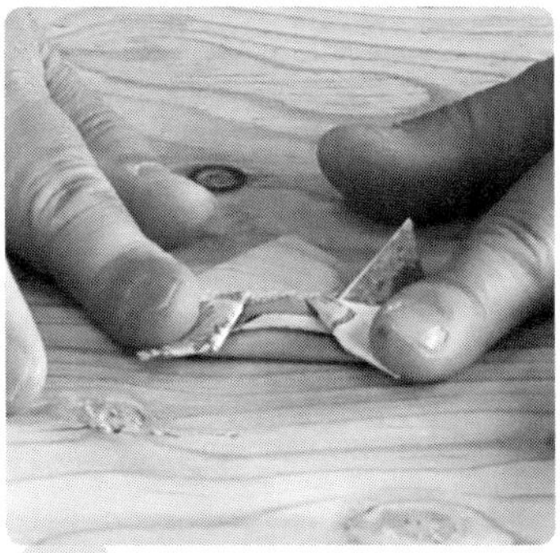

19 さらに足の先のほうに、その２分の１を折り返します。

20 三角の部分が顔になるので、目鼻《はな》を書き入れます。

21 腰のあたりを指で押さえてスタンバイ。

22 押さえていた指を後ろに引くとカエルがジャンプします。

23 ひっくり返る時もあります。

24 そのままジャンプ前のように立つ時もあります。

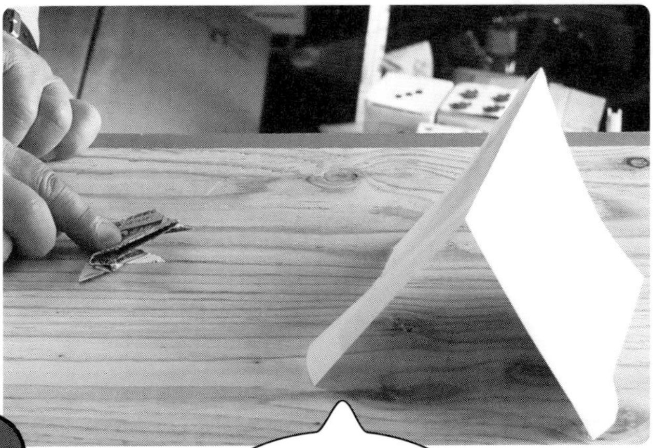

紙きれをさら状に
折って、そこに
飛ばしてみるのも
OK。

ふたつ折りした
紙の壁《かべ》を、越《こ》えられたら
楽しいですね。

おもちゃ博士の工房だより

「竹の家　工房COO（空）」の体験教室②

「竹とんぼ」「うぐいす笛《ふえ》」、87ページの体験教室のほか、まだまだあります。

「竹けん玉」。竹づつタイプと竹ざらタイプがあります。いずれも家庭でかんたん手軽に、というわけにいきません。ぜひ、工房で体験してください。

「さら回し」。97ページで紙のさら回しを紹介しましたが、ここでは木を使った本格的なさら回しです。

工房の場所などは71ページをご覧《らん》ください。

さら回し

竹けん玉とフォト、メモ立て

フォト、メモ立ての使用例

竹けん玉

紙でもいけます、ガリガリと

ペーパーガリガリ

こすればみごとに回ります。

用意するもの●はさみ、セロハンテープ、あなあけパンチ

材料●15～20cmの長さの厚紙、薄《うす》い紙、つまようじ、チラシ、わりばし

1 15～20cmくらいの長さの厚紙（少々かため）とセロハンテープ、つまようじ、はさみを用意します。

2 3cmはばくらいで切ります。

3 はしから3cmくらい入ったところで、ななめに5～7mmくらい切りこみます。

4 ふたつ目の切りこみはひとつ目と直角になる感じで、同様の深さで。

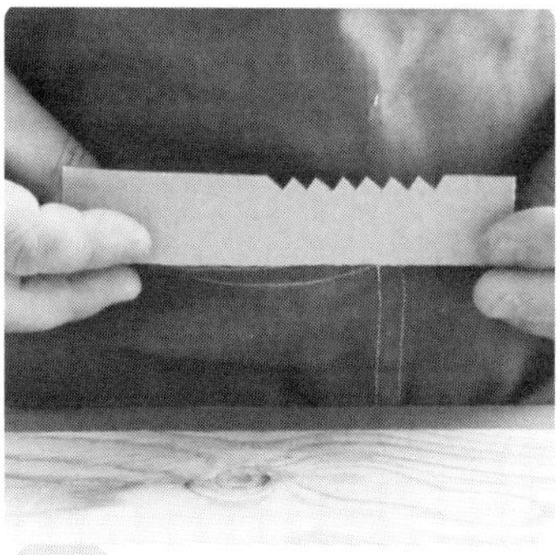

5 谷間と山が数カ所くらいでOKです。

6 薄い紙に穴《あな》あけパンチでひとつ穴をあけます。

7 穴が中心になるようにして、１cmはばくらいを切ります。

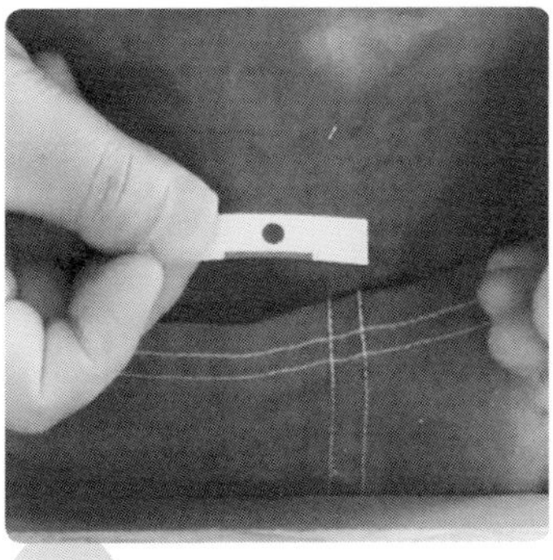

8 穴からの長さ２cmくらい、両方から同じように切ります。

9 ギザギザの先端（直線部）に、つまようじをセロハンテープで止め、その紙切れ（プロペラ）をさします。

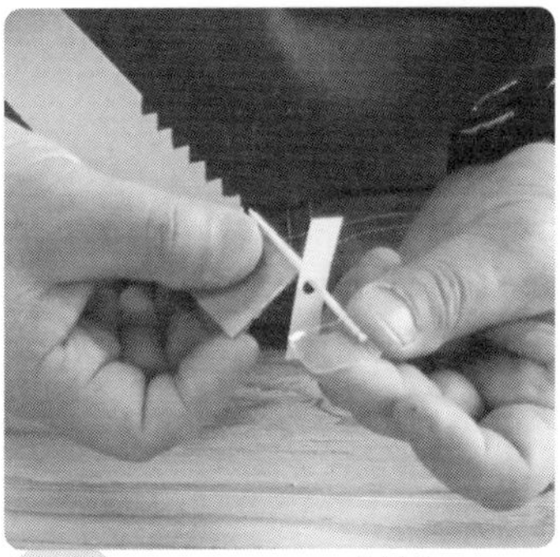

10 つまようじの先端《せんたん》にプロペラが抜けないよう、セロハンテープをはば広くはります。

11 わりばしでこする準備です。

12 でこぼこ部分を往復すれば、プロペラが回り始めます。

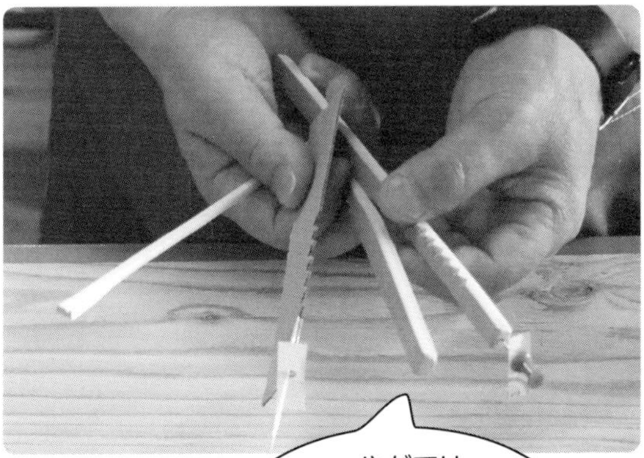

やがては
竹棒《ぼう》などをナイフで
けずる本格バージョンに
挑戦を！

これでも立派《りっぱ》なもんですよ

ペーパーサイコロ

運を天にまかせてえーい！

用意するもの●はさみ、のり、マジックインキ、ボールペン

材料●チラシ１枚

1 チラシとのり、はさみを用意します。チラシをヨコはばの４分の１サイズ３枚に切ります。

2 １辺の長さを決めるため、２枚を直角に当てそこにしるしをします。

3 しるしをしたところに合わせて巻《ま》き折りしていきます。

4 ３枚とも同様《どうよう》にします。

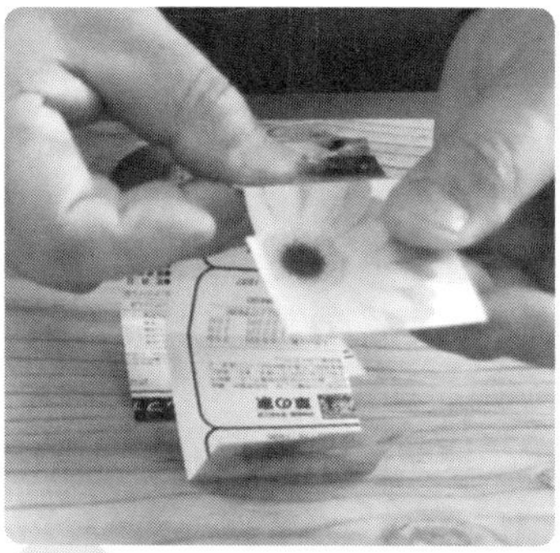

5 広げます。

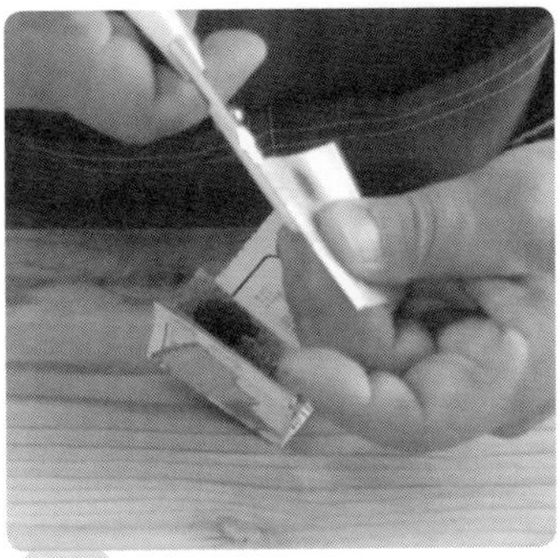

6 最後に残った小はば部分は切り落とします。

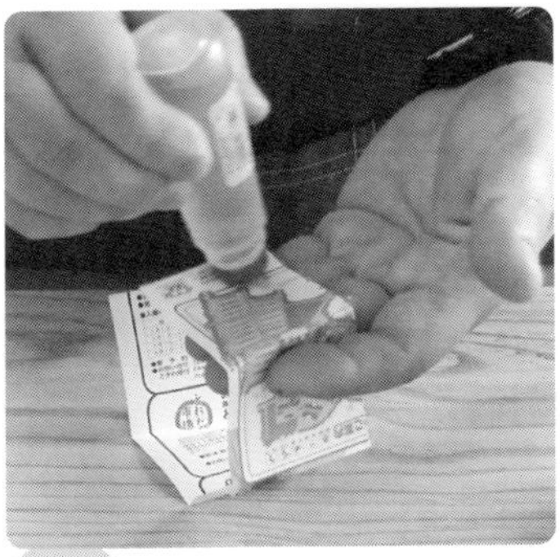

7 重なっている面をのりではり合わせて四角い輪にします。

8 1枚目、OKです。

9 2枚目を、一つ目の輪にからめて輪にします。

10 2枚目も重なり部をのりではり四角い輪にします。

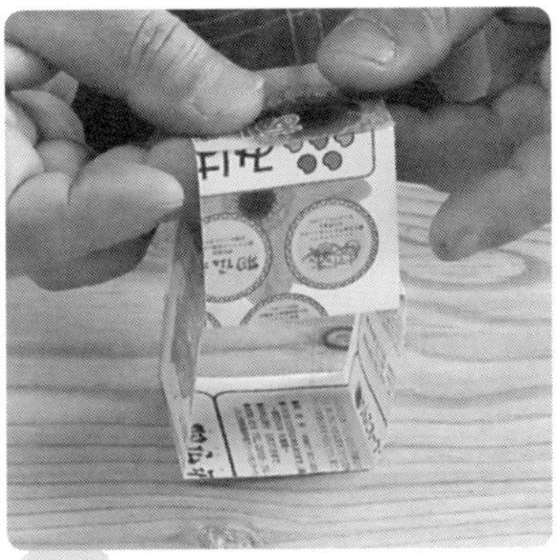

11 はれました。

12 1個目と2個目を合わせます。

13 3個目も16のように通します。

14 同様に重なり部にのりづけです。

15 ずれないようにきっちりと、

16 このようになればOKです。

17 さあ、四角い箱にしてみましょう。

18 表《おもて》 裏《うら》との合計が7になるように数字を書き入れます。

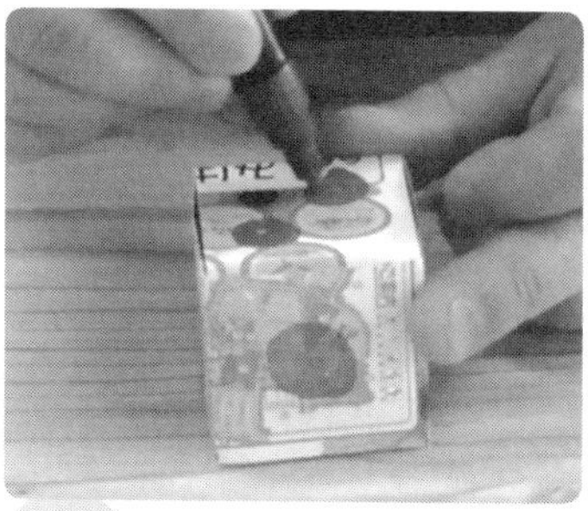

19 2と5。

20 3と4。

21 これは1の裏です。

22 2の裏。

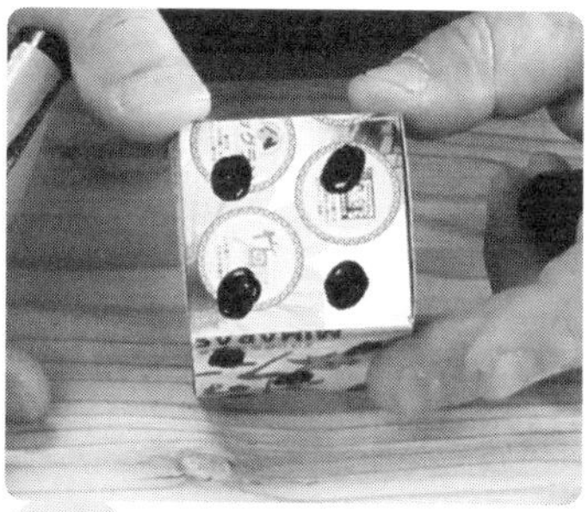

23 3の裏。

24 押《お》しこんで四角い立方体にします。

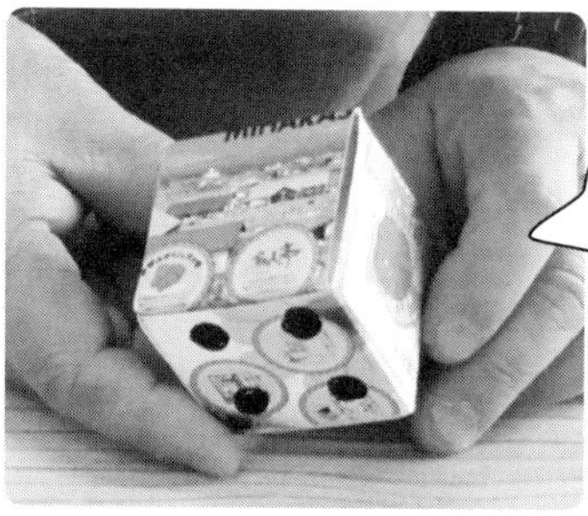

組み合わせ方を変えると、
ア～ラふしぎ。
なにも書いてない面が
出てきたよ。

紙だから落ちても大丈夫

さら回し

ふだん、こんなことやらないよね。

用意するもの●両面テープ、千枚どおし、セロハンテープ、カッター、ローソク、マッチまたはライター

材料●小さい紙コップ、紙ざら、色のついたビニールテープ、わりばし

1 紙コップと紙ざら、両面テープ、ビニールテープ、わりばし、ローソクを用意します。

2 コップの底《そこ》のまん中に千枚どおしで穴《あな》をあけます。

3 両面テープをコップの底にあてます。

4 さらの裏《うら》の中心に、

5 コップをはります。

6 セロハンテープで補強《ほきょう》してもいいです。

7 さらのふちをビニールテープではっていきます。

8 さらが完成です。

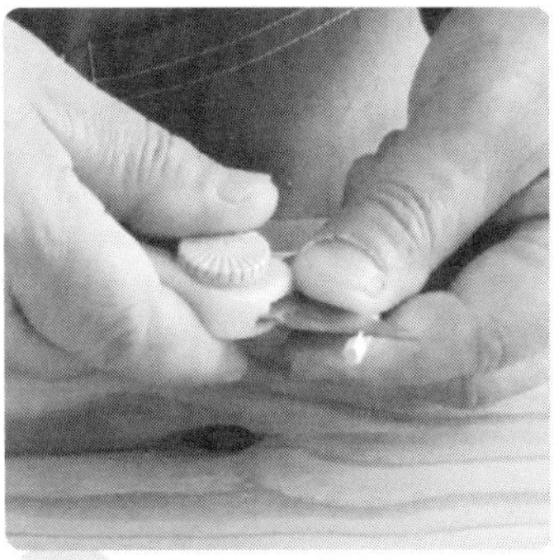

9 わりばしの先端《せんたん》を、えんぴつのようにけずります。

10 細くしながら先端に丸みをつけていきます。

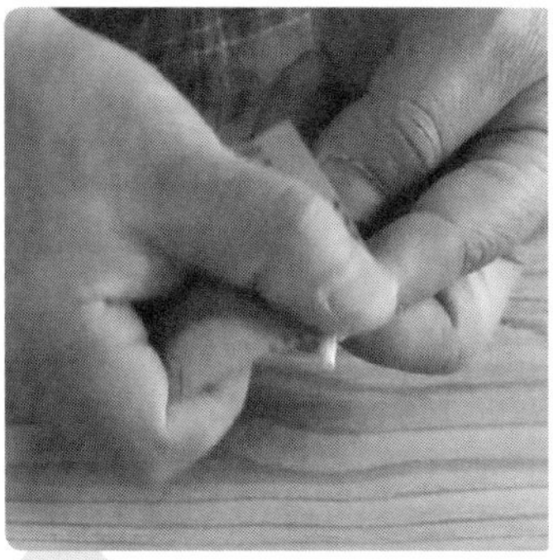

11 こんな感じです。

12 先端にローソクを塗《ぬ》りつけます。

13 わりばしをセロハンテープでつなぎ、長くします。

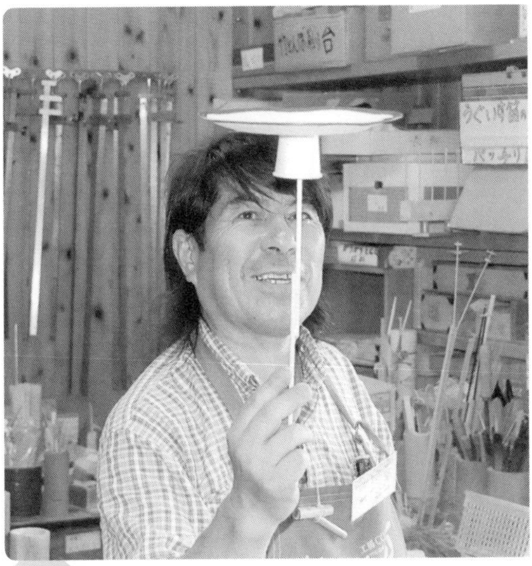

14 回します（最初はななめになっているのを手首で回転）。

飛《と》んでいきます

フリスビー

広場で飛ばせば楽しいね。

用意するもの●セロハンテープ

材料●チラシ１２枚

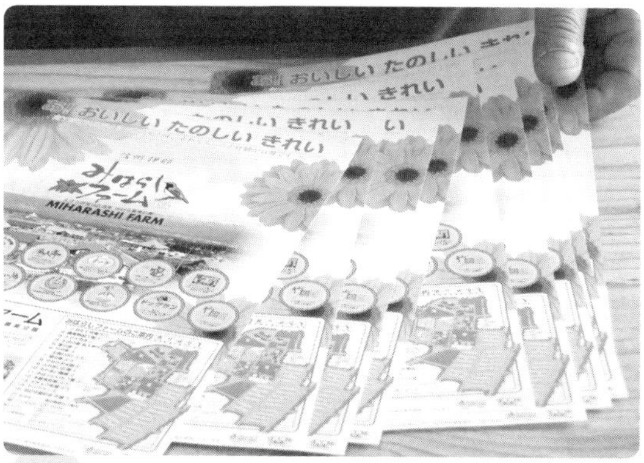

1 チラシ12枚、セロハンテープを用意します。

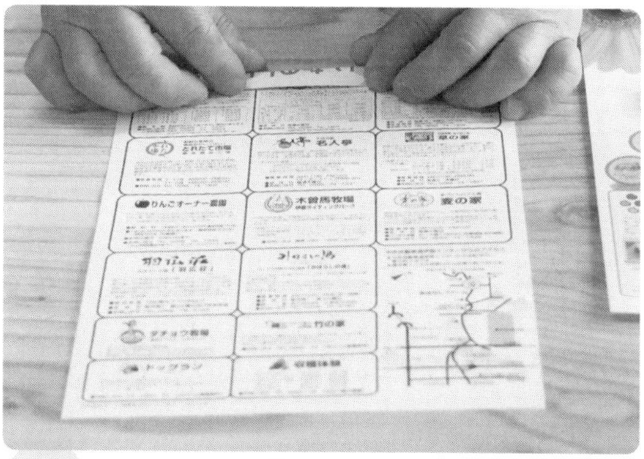

2 １枚目を細く巻《ま》き折りしていきます。

3 最後は全体を押《お》しつぶします。

4 セロハンテープで止めます。

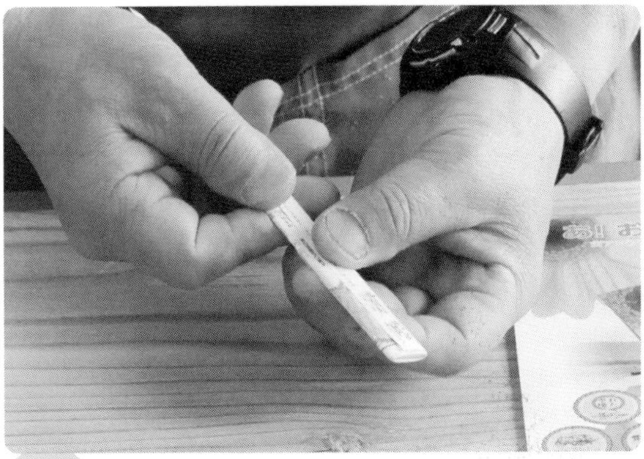

5 ２枚目も同様にします。

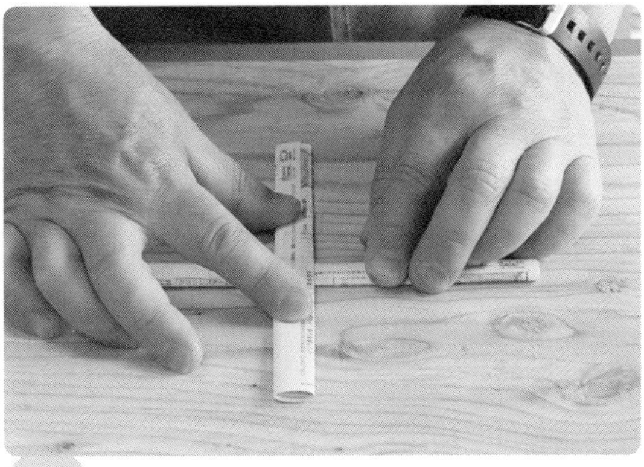

6 十文字におきます。

7 チラシの長いほうをふたつ折りして、短い辺から巻き折りしていきます。

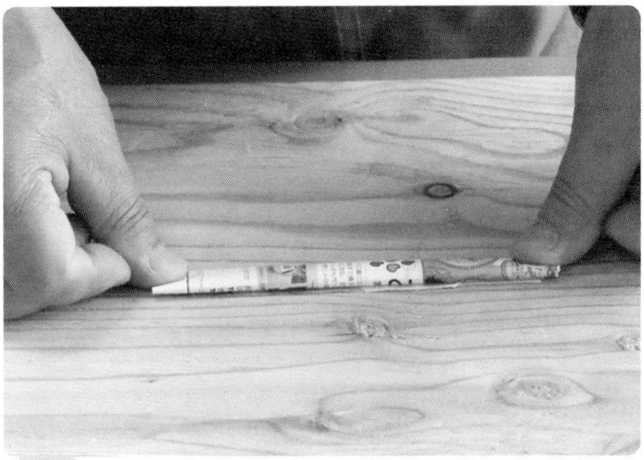

8 セロハンテープで止めます。

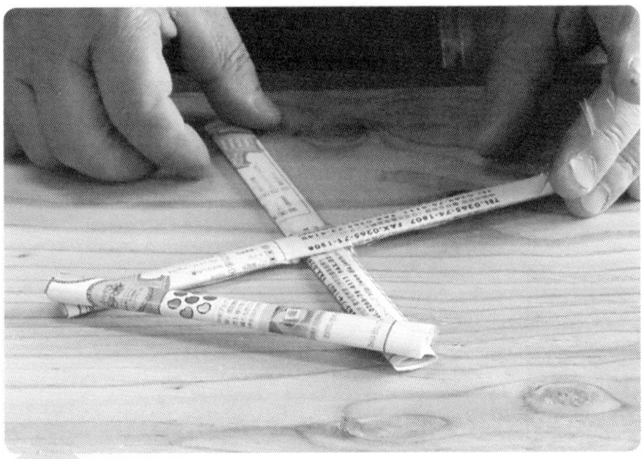

9 十文字のはじにわたします。

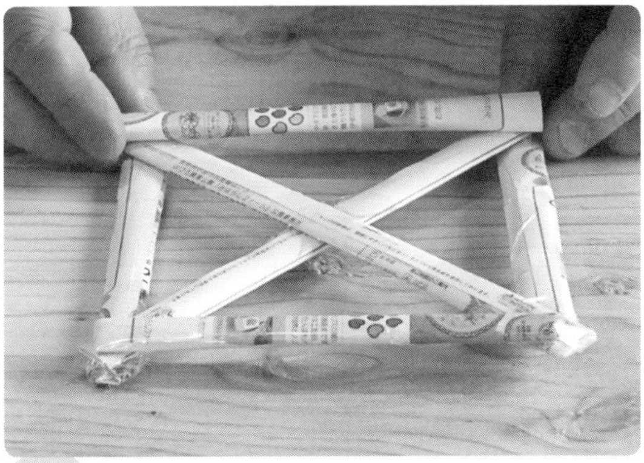

10 同様《どうよう》にして４辺ともおきます。

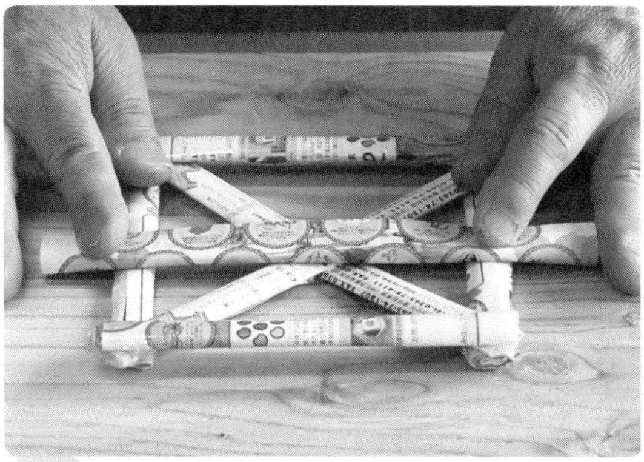

11 さらに、同様に折ったもの２本で十文字になるように１本目、

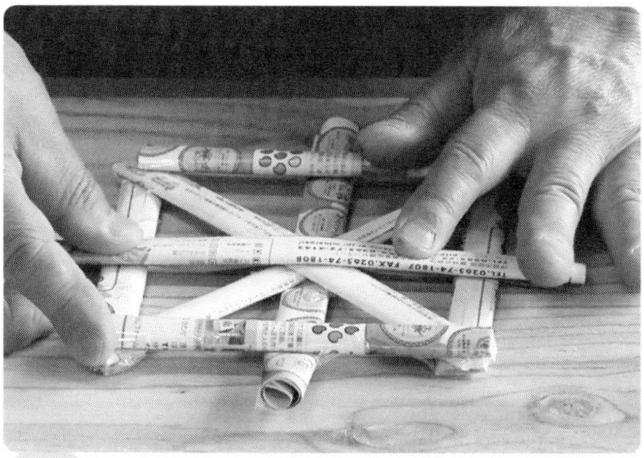

12 ２本目とおきます。セロハンテープで止めてもよいでしょう。

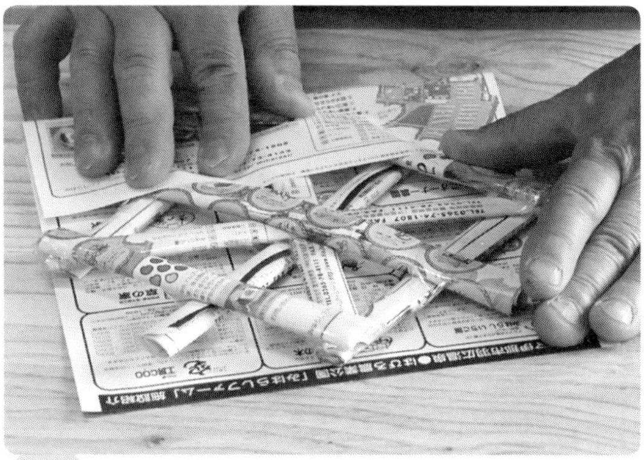

13 チラシ２枚をつなげて、12をおきます。

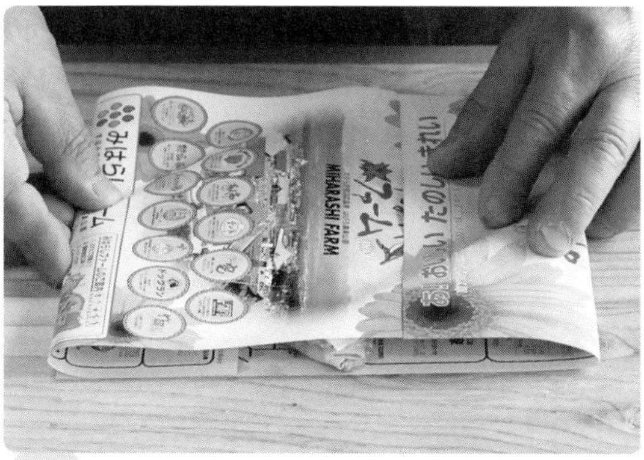

14 くるっと巻き込んでセロハンテープで止めます。

15 角を折り返して、

16 全体のすみを４カ所折り返して、セロハンテープではります。できあがりです。

ただ切るだけでおもしろい

竹づつ段《だん》落とし

スカッとしますよ！　スカっスカ！

用意するもの●のこぎり

材料●長さ40cmぐらいの竹、直径《ちょっけい》4cmぐらいの竹棒《ぼう》

1　竹づつ輪切りは同じ太さでやります。長さ5cmぐらいに切ります。

2　6個ほど切ります。

3　直径5cm以内の竹棒を用意します。

横から竹の段を
ねらって思いっきり
はらってみましょう。

【著者プロフィール】

佐野博志（さの・ひろし）

高校卒業後、郵便局員25年の後、県技術専門校木工科で訓練。木のおもちゃ工房を開設（8年間）。長野県伊那市の「はびろ農業公園みはらしファーム」内にある「竹の家 工房COO（空）」で、手づくり体験教室を担当（11年間）。2017年1月逝去。

おもちゃ博士の かんたん！ 手づくりおもちゃ

2010年8月14日 第1刷発行
2019年2月21日 第3刷発行

著　者 佐野博志
発行者 奥川 隆
発行所 子どもの未来社
〒113－0033 東京都文京区本郷3－26－1 本郷宮田ビル4F
電話 03－3830－0027 FAX 03－3830－0028
振替 00150－1－553485
E-mail：co-mirai@f8.dion.ne.jp
http://comirai.shop12.makeshop.jp/
印刷・製本 藤原印刷株式会社

© 2010 Printed in Japan

ISBN978－4－86412－009－8 C0037

■定価はカバーに表示してあります。落丁・乱丁の際はお取り替えいたします。
■本書の全部または一部の無断での複写（コピー）・複製・転訳および磁気または光記録媒体への入力等を禁じます。複写等を希望される場合は、弊社著作権管理部にご連絡ください。

■装丁・DTP/渡辺美知子デザイン室 ■イラスト/高岡律子